Philipp Kauthe

Die Welt ist so schön

PHILIPP KAUTHE

Die Welt ist so schön

Das kleine Buch der liebevollen Achtsamkeit

GOLDEGG

Umschlaggestaltung Kathrin Steigerwald, Hamburg, unter Verwendung eines Motivs von © Elena/Adobe Stock
Autorenfoto Umschlag © Patricia Dries

ISBN: 978-3-99060-297-3

Unter den Linden 21 • D-10117 Berlin
Telefon: +49 800 505 43 76-0

Goldegg Verlag GmbH, Österreich
Mommsengasse 4/2 • A-1040 Wien
Telefon: +43 1 505 43 76-0

E-Mail: office@goldegg-verlag.com
www.goldegg-verlag.com

Layout, Satz und Herstellung: Goldegg Verlag GmbH, Wien
Printed in the EU

Inhaltsverzeichnis

Vorwort

Wie können wir optimistischer werden? Manche Menschen vermuten, es gehe beim Optimismus darum, von früh bis spät gut gelaunt zu sein. Doch das ist nicht entscheidend. Stimmungen kommen und gehen vorüber. Viel näher kommen wir dem Optimismus, wenn wir uns Humor als Lebenshaltung zulegen.

Das erreichen wir, wenn wir unsere Fantasie stärken. Denn je kreativer wir sind, desto eher können wir neue Blickwinkel auf unseren Alltag einnehmen. Die Reise durch dieses Buch soll unseren Ideenreichtum und unsere Kreativität beflügeln. Wir lernen spielerisch, in Bildern und Analogien zu denken. Und ganz nebenbei fällt eine optimistische Sichtweise immer leichter. Praktisch, oder?

Wer kreativ ist,
ist optimistischer.

Denk bitte an ein Hotel. In einem Stockwerk befindet sich ein langer Gang, von dem Türen in zwanzig nebeneinanderliegende Zimmer führen. Dem Hotel direkt gegenüber steht eine Kirche. Aus ihren Hotelzimmern sehen die Gäste aber jeweils nur einen kleinen Teil der Kirche. Zum Beispiel erhaschen die Herrschaften aus dem Zimmer mit der Nummer 1 nur den Blick auf den Parkplatz und das große Kirchentor. Aus Zimmer 8 wiederum ist ausschließlich das Kirchenschiff zu erkennen. Und wer aus Zimmer 19 hinausschaut, erblickt einzig den Kirchturm.

Somit wird klar: Die Gäste erspähen aus jedem Hotelzimmer nur einen kleinen Teil des gegenüberliegenden Gebäudes. Doch immer handelt es sich um dieselbe Kirche. Würden sie nun befragt werden, was denn das für ein Gebäude ist, das sie von ihrem Zimmer aus sehen, dann käme man vielleicht gar nicht auf die Idee, dass von ein und demselben Bauwerk die Rede ist.

Ähnlich verhält es sich mit Pessimisten und Optimistinnen. Sie blicken auf dieselbe Welt und haben vielleicht ähnliche Erfahrungen. Doch wenn sie davon erzählen, ist es, als würden sie von verschiedenen Planeten berichten.

Eine Pessimistin konzentriert sich meist auf all die kleinen und großen Katastrophen, auf Unfälle, Krankheiten, Gefahren und Fehler in dieser Welt. Auf all das, was vielleicht in ihrem Leben schiefgeht – oder auch nur schiefgehen könnte. Der Optimist dagegen richtet den Blick immer wieder auf die kleinen und großen Reichtümer, findet Erfolge, versteht Ereignisse als Chancen und erfreut sich an angenehmen Stunden und Augenblicken.

Beide liegen richtig. Sie sehen dasselbe – doch sie betrachten es anders.

Als Journalist berichte ich im Radio über Finanzkrisen, die Pandemie, Kriege und Klimaschäden. Natürlich müssen wir Medienmacher über diese Themen informieren. Durch bloßes Wegschauen wird schließlich nichts besser. Zum Beispiel ist es investigativen Reporterinnen und einer freien Presse zu verdanken, dass versteckte Gelder in Steueroasen aufgedeckt wurden. Die Aussage »Die Welt ist so schön« stufen daher vielleicht einige Skeptikerinnen und Skeptiker als naiv ein. Das ist jedoch zu kurz gesprungen. Denn diesem Gedanken schließt sich die Frage an: Wollen wir darauf warten, dass die Umstände besser werden? Oder möchten wir mit Hoffnung den ersten positiven Schritt setzen?

Wer über Gefahren berichtet, sollte auch über Chancen informieren. Dies kommt dem Konstruktiven Journalismus nahe, einem Ansatz, der aktive und zupackende Menschen mit Lösungsideen in den Fokus rückt, etwa Hilfsorganisationen, Friedensinitiativen oder Schülerhilfen.

Ich verspürte schon früh den Drang, Menschen aufzuheitern. Er brachte mich dazu, als Kabarettist im Fernsehen Menschen zum Lachen zu bringen (meine ersten Bühnenauftritte hatte ich mit neun Jahren) und heute Vorträge über »Humor und Kreativität« zu halten sowie in meinen Podcasts über kurioses Wissen, Fantasie sowie pfiffiges und keckes Denken zu sprechen. Wir alle brauchen stets neue Einfälle, um Situationen zu meistern.

Ein Beispiel: In meiner Schulzeit haben mir Humor und Kreativität dabei geholfen, der Rolle als Mobbingopfer zu entwachsen. Als ich meine Angreifer mit frechen Späßen überraschte, gaben sie Ruhe. Später half mir die Mischung aus Philosophie und Fantasie dabei, die Welt mit unzähligen satirischen Geschichten zu necken und generell eine optimistische Sichtweise einzuüben.

Im vorliegenden Büchlein treffen wir auf die Schülerin Johanna und begleiten sie auf ihrem Weg, auf dem sie entdeckt, was das Leben ist und wie viele Facetten es birgt. Sie erhält von Menschen in ihrem Umfeld Ideen für eine fröhliche Denkweise.

Die Geschichten können in beliebiger Reihenfolge gelesen werden. Möglicherweise helfen sie, zu einer heiteren, humorvollen Lebenshaltung zu gelangen. Das ist gar nicht so schwierig! Im Gegenteil, es ist einfach. Es ist eine Denkweise. Und sie kann das Leben verändern, denn:

Durch Optimismus werden
Probleme nicht kleiner.
Aber wir werden größer!

Was ist wichtiger als Wünsche?

Eines Abends lag Johanna im Bett und konnte lange nicht einschlafen. Sie drehte sich von einer Seite auf die andere, hielt die Augen mal geschlossen und mal offen. Dann schlief sie für kurze Zeit ein, erwachte erneut und fiel wieder in sanften Schlaf. Als Johanna ruhig schlummerte und selbst gar mehr nicht wusste, ob sie schlief und träumte oder ob sie wach war, hörte sie ein Knistern am Fenster. Sie blickte auf und sah eine zarte, weiße Taube auf der Fensterbank.

Johanna setzte sich aufrecht hin und schaute die Taube an. Diese begann zu sprechen: »Johanna, ich bin gekommen, um dir einen Wunsch zu erfüllen. Ich möchte dir deinen größten Wunsch wahrmachen. Weißt du, was dein größter Wunsch ist?«

Johanna überlegte kurz und sagte: »Ich möchte gerne einmal ein großes Haus haben, mit einem riesigen Garten, einem kleinen Wäldchen und ganz vielen Zimmern.«

»Ich kann dir das Haus schenken«, versprach die Taube, »aber wenn ich es tue, dann wirst du immer Angst davor haben, dass dir jemand dein Haus wegnimmt oder etwas damit passiert.«

»Na gut«, überlegte Johanna, »dann wünsche ich mir eine große Rolle in einem Kinofilm, damit ich berühmt werde.«

»Die Rolle kann ich dir schenken«, versprach die Taube, »aber wenn ich es tue, dann wirst du immer Angst davor haben, dass die Leute den Film einmal vergessen oder dass du keine neuen Rollen mehr bekommst.«

»Na gut«, meinte Johanna und schaute etwas grimmig, »dann wünsche ich mir einen Hof mit ganz vielen Pferden.«

»Ich kann dir die Pferde schenken«, antwortete die Taube, »aber dann wirst du immer Angst davor haben, dass dir jemand die Pferde wegnimmt.«

»Du lehnst meine Wünsche immer ab«, schimpfte Johanna, »was soll ich mir denn wünschen?«

»Du möchtest immer eine schöne Außenwelt haben«, erklärte die Taube, »ich würde dir aber viel lieber etwas schenken, das wertvoller ist als ein Haus, eine Filmrolle oder Pferde. Ich schenke dir Fantasie!«

»Fantasie?«, fragte Johanna erstaunt.

»Ja, Fantasie!«, meinte die Taube und nickte sanft.

»Wenn du Fantasie hast, kann sie dir keiner mehr nehmen. Wenn du Fantasie hast, kannst du dir jedes Bild der Welt vorstellen. Dann hast du immer die Gabe, dir jede noch so schöne Lage auszudenken, dich darin zu sehen und sie mit allen Gefühlen zu erleben. Dann kannst du immer träumen, hast immer neue Ideen, bekommst immer gute Einfälle und kannst deine Gedanken so steuern, dass du reich, fröhlich und stark bist.«

»Und wozu ist das gut?«, wollte Johanna wissen.

»Wenn du Fantasie hast, ist es egal, ob du in einem großen Haus lebst oder nicht, ob du Pferde hast oder nicht, ob die Menschen um dich herum lieb sind oder schimpfen, ob du neben einer Goldgrube sitzt oder nicht.

Mit Fantasie erschaffst du dir deine Welt. Niemand kann dir deine Gedanken und deine innere Schatzkammer stehlen.« Und die Taube erzählte weiter.

»Ich habe dich nach deinem größten Wunsch gefragt. Damit meine ich nicht den Wunsch, den du in deinem Kopf spazieren trägst, sondern den du in deinem Herzen hast. Als ich dich fragte, kannte ich die Antwort schon.

Ich schenke dir Fantasie, damit du immer frische Ideen hast.

Und wenn du immer frische Ideen hast, entdeckst du immer etwas Schönes am Leben – wie auch immer deine Situation gerade sein mag. Mit Fantasie kannst du jeder Lebenslage etwas Gutes abgewinnen. Dann findest du immer etwas, über das du dich freuen kannst.«

»Und wie, bitte schön, willst du mir die Fantasie schenken?«, fragte Johanna.

»Ich werde dir Menschen schicken, die dich zum Nachdenken bringen. Schritt für Schritt tragen sie die Fröhlichkeit zu dir. Sie machen dich mit dem Optimismus vertraut. Der Mensch muss nicht unbedingt Optimist werden, aber er sollte den Optimismus zumindest einmal erforschen«, stellte die weiße Taube klar.

»Mit Fantasie, liebe Johanna, kannst du dich selbst als starken Menschen sehen! Das bedeutet, dass dir zwei Dinge klar sind: Erstens weißt du immer, dass die Natur dir große Begabungen geschenkt hat, mit denen du das Leben anderer Menschen bereichern kannst. Du siehst dich, wie du dein Talent auslebst, nicht um jemanden zu überholen oder zu besiegen, sondern um anderen Menschen nützlich zu sein. Wie viele Leute du bereicherst, spielt keine Rolle. Zweitens hilft dir die Fantasie, dich immer als fröhlichen Menschen zu sehen. Egal was um dich herum geschieht, ob es Gold regnet oder ob du glaubst, Pech zu haben: Du lächelst, zuckst mit den Schultern, sagst ›Was soll's, nimm es locker!‹ und pfeifst ein Liedchen.«

Abschließend erzählte die Taube Johanna noch eine Geschichte aus ihrem Leben.

»Ich habe einmal einen Jungen gekannt. Er hatte ein Fahrrad, und in seiner Freizeit fuhr er damit, sooft er konnte, durch die Stadt. Er flitzte durch die Straßen, und die Leute staunten darüber, wie schnell er fahren konnte. Aber weil er so oft auf seinem Fahrrad fuhr, hatten die Reifen bald fast keine Luft mehr.

An einem Nachmittag nahm der Junge an einem Wettrennen teil. Er setzte sich auf den Sattel und sagte: ›Jetzt werde ich wieder allen zeigen, dass ich der Schnellste bin!‹

Ich flog zu ihm hin und warnte ihn: ›Aber du hast keine Luft in deinen Reifen. Du musst die Reifen aufpumpen.‹

›Ach was‹, lachte der Junge, ›das brauche ich nicht. Ich muss nur schnell genug fahren und wie ein Weltmeister in die Pedale treten.‹

Aber der Junge saß wackelnd und ungeschickt auf seinem Fahrrad und kam nicht von der Stelle. Er musste schon nach wenigen Metern aufgeben. Erst als er sich die Zeit nahm und die Reifen mit Luft füllte, kam er wieder voran.«

Die Taube erklärte Johanna: »Wenn der Mensch an ein Ziel kommen will, muss er zuerst innerlich stark sein. Viele Menschen sind leer wie die Fahrradreifen bei dem Jungen. Sie glauben leider, dass sie nur etwas bekommen müssten, und schon wären sie innerlich stark und reich. Es ist aber genau umgekehrt. Erst wenn der Mensch innerlich stark und reich ist und nichts braucht, ist er in der Lage, sein Ziel wirklich zu genießen.

Was in der Außenwelt geschieht, ist zweitrangig. Bring mit deinen geistigen Bildern dein Herz im Innern zum Lächeln. Dann wird dir auch das Leben auf vielfältige Weise ganz von allein zulächeln. Immer und immer wieder.«

Als Johanna aufwachte, konnte sie sich an den Traum mit der Taube genau erinnern. Sie wusste, dass sie einen unendlich großen Schatz hatte: Sie hatte Fantasie.

Und mit den drei Kindern der Fantasie, mit frischen Ideen, Hoffnung und innerer Fröhlichkeit, konnte sie erst ihre Gefühle, dann ihr Herz und ihr Leben vergolden. Und niemand konnte ihr diesen Schatz nehmen.

Die Welt ist so schön

Johanna ging müde in ihr Zimmer, machte hinter sich die Tür zu und fiel völlig erschöpft in ihr Bett. Kurz darauf fand sie sich in dem Zustand wieder, den man als Dämmerung vor dem Einschlafen bezeichnen könnte. Für einen Augenblick nahm sie sehr deutlich wahr, dass sie gleich einschlafen würde, gleich danach war ihr nicht wirklich klar, ob ihre Gedanken noch in die Welt des Tages oder die Welt der Träume gehörten. Jedenfalls sah sie wieder die weiße Taube an ihrem Fenster.

»Du hast heute geschimpft, Johanna. Du warst heute in der Schule in der Zeichenstunde. Aber du mochtest sie gar nicht«, stellte die Taube fest.

»Ja«, stimmte Johanna zu, »die Zeichenstunde kann ich jedes Mal nur schwer ertragen. Ich habe einfach keine Lust zum Zeichnen. Es macht mir keinen Spaß. Es geht mir auf die Nerven, wenn um mich herum Schülerinnen und Schüler sitzen, die alle voller Freude ihre Bilder malen. Und dann ist da noch die Lehrerin, die so begeistert ist vom Zeichnen. Das macht mich wütend!«

»Dann lass mich dir von den zwei Schwestern erzählen, die eine große Reise machten«, sagte die Taube und begann zu erzählen.

»Die beiden Schwestern waren in einer großen Stadt aufgewachsen. Aber es ist schade, wenn man nur einen Ort der Welt kennt. Deshalb nahm ich eine der Schwestern mit auf eine Reise. Ich sagte ihr: ›Komm mit, ich führe dich auf eine Insel.‹

›Nichts lieber als das‹, sagte die erste Schwester erleichtert, ›hier in der Stadt ist es nämlich öde und langweilig. Was soll ich da schon anfangen?!‹

Auf der Insel angekommen, fing die erste Schwester aber sofort an zu meckern. ›Hier ist ja nur Sand und nichts anderes. Das ist genauso öde. Und die Sonne scheint mit voller Kraft auf meine Haut. Ich bekomme bestimmt einen Sonnenbrand. Es gibt nicht einmal einen Baum, unter dem ich meine Zeit verbringen und der mir Schatten spenden könnte. Also hier ist es gar nicht schön!‹

Danach brachte ich die erste Schwester ins Gebirge. Ich dachte, dass es ihr in dieser kühlen Umgebung vielleicht besser gefallen würde, aber da hatte ich mich getäuscht.

›Auf die Berge zu klettern ist viel zu gefährlich‹, schimpfte die erste Schwester, ›ich könnte abstürzen. Und am Fuß der Berge in den Wäldern ist es dunkel und kalt. Da kann man es nicht aushalten‹, zeterte sie. Egal wohin ich die erste Schwester brachte – sie wäre stets lieber an einem anderen Ort gewesen.

Die zweite Schwester dagegen war ganz anders. Sie musste ich zuerst dazu überreden, überhaupt mit mir zu kommen.

›Ich soll die Stadt verlassen? Aber es ist doch schön hier. Hier habe ich viele Freunde. Es gibt so viele bunte Geschäfte. Ich kann ins Theater gehen oder mir die schönen Bauwerke ansehen. Die Stadt ist ein wunderbarer Ort. Aber gut, wenn du mir eine Insel zeigen willst, liebe Taube, dann folge ich dir gerne, ich bin nämlich neugierig.‹

Auf der Insel kam die zweite Schwester gar nicht mehr aus dem Schwärmen heraus.

›Wie schön es hier ist! Ich kann die Füße in die Wellen halten. Das kalte, erfrischende Wasser umspült meine Knöchel, ich kann mich in den warmen Sand legen und mich sonnen und dabei die frische Meeresluft genießen. Ach, es ist herrlich.‹

Danach nahm ich die zweite Schwester mit ins Gebirge. Auch dort war sie hellauf begeistert.

›Ist das nicht fantastisch? Ich kann auf Felsen klettern und von dort oben eine herrliche Landschaft sehen. Auf Berge zu steigen, stärkt meine Beine und meine Arme. Und wenn mir heiß ist, kann ich mich einfach am Fuße der Berge in einem Waldstück abkühlen. Es ist wunderschön hier im Gebirge.‹ Egal an welchen Ort ich sie brachte – es gefiel ihr dort«, schloss die Taube ihre Geschichte und erklärte Johanna:

»Ob ein Mensch eine Stadt mag, hängt nicht von der Stadt ab, sondern vom Menschen.

Ob ein Mensch eine Insel mag, hängt nicht von der Insel ab, sondern vom Menschen.

Ob ein Mensch das Gebirge mag, hängt nicht vom Gebirge ab, sondern vom Menschen.

Ob ein Mensch einen Ort mag, hängt nicht vom Ort ab, sondern vom Menschen.

Ob du einen Ort magst, liebe Johanna, hängt also ganz von dir ab. Die Dinge sind immer so, wie du sie siehst. Das bedeutet, dass du immer die Wahl hast, etwas als gut oder etwas als schlecht anzusehen.

Ein großer Mensch bist du dann, wenn du dir nicht von anderen diktieren lässt, ob dir ein Ort gefällt oder nicht. Und eine Meisterin bist du, wenn du jedem Ort etwas Gutes abgewinnen kannst. Dazu hast du deine Fantasie.

*Deine Sicht entscheidet
darüber, wie du dich fühlst.
Immer und in jeder Sekunde.*

Deine Sternstunden

Johanna war mit ihrer Klasse in der Turnhalle beim Sportunterricht. Der Lehrer brachte den Jungen und Mädchen einige Sprünge auf dem Trampolin bei. Als Johannas Freundin Carmen an der Reihe war und vor allen anderen einige Figuren vorturnen musste, kam der Lehrer aus dem Lobgesang beinahe gar nicht mehr heraus. »Schaut euch mal an, wie gut die Carmen das kann«, sagte der Lehrer vor der ganzen Klasse, »seht, wie elegant sie die Sprünge macht und wie flink sie sich dabei bewegt. Klasse, Carmen, das hast du prima gemacht!«

Etwas später, in der großen Pause, standen Carmen und Johanna auf dem Schulhof beieinander. Plötzlich zuckte Carmen zusammen und rief: »Ach, das hätte ich ja beinahe vergessen!«

Johanna schaute sie fragend an, während Carmen in ihren Ranzen griff, ein Büchlein herausholte und anfing zu schreiben.

»Was denn?«, fragte Johanna.

»Ich muss mir noch aufschreiben, wie unser Sportlehrer mich gelobt hat.«

»Wieso schreibst du dir das denn auf?«, wollte Johanna wissen.

»Schau mal, das ist mein Erfolgsbuch«, erklärte Carmen. »Da schreibe ich mir alle schönen Erlebnisse auf. Immer, wenn mir etwas besonders gut gelingt, notiere ich das in dieses Büchlein. Da steht zum Beispiel, dass ich in Mathe mal eine Eins hatte, dass ich bei einem Wettkampf den ersten Platz gemacht habe, dass ich einmal gegen meinen Onkel eine Partie Schach gewonnen habe, dass mich meine Mutter gelobt hat, weil ich mein Zimmer immer so sauber halte und mit dem Hund der Nachbarin Gassi gehe … und dass mich heute der Sportlehrer vor der ganzen Klasse gelobt hat.«

»Und wozu soll das gut sein?«, fragte Johanna.

»Dieses Buch gibt mir Mut. Immer wenn ich mich unsicher fühle, wenn ich glaube, dass ich nicht gut genug bin, wenn jemand mit mir schimpft und mir sagt, dass ich dieses oder jenes nicht gut gemacht habe, verkrieche ich mich in eine Ecke und lese mir das kleine Büchlein durch. Da lese ich, was mir alles schon gelungen ist, was ich geleistet habe, wie viele Leute mich schon gelobt haben und mir gesagt haben, dass ich großartig bin. Das vergisst man normalerweise sehr schnell. Du solltest auch so ein Buch haben, Johanna. Wann bist du zum Beispiel zuletzt gelobt worden?«

Da musste Johanna eine Weile nachdenken. Plötzlich strahlte ihr Gesicht. »Meine Eltern haben mich neulich gelobt, als ich sie am Sonntag überrascht und frische Brötchen geholt habe!«

»Siehst du!«, rief Carmen freudig, »so etwas solltest

du dir unbedingt auch in einem schönen Heft aufschreiben. Notiere jeden deiner kleinen und großen Erfolge. Dann wird dir klar, wie großartig du bist und was du kannst.
Die Schwierigkeit ist ja, dass uns andere Menschen nur selten sagen, wie großartig sie uns finden. Meistens schweigen sie darüber. Und häufig sagen sie uns auch noch, was sie gerne an uns ändern würden. Ihnen gehen anscheinend nie die Ideen aus, wenn es darum geht, uns zu sagen, wir seien zu wenig dies oder zu viel das, wir müssten uns mehr in diese oder in jene Richtung entwickeln.

Besonders schwierig ist es, wenn unsere Eltern, Verwandte oder Freunde uns mit anderen Menschen vergleichen. Vielleicht hat dir schon einmal jemand einen Vorwurf gemacht, der sich anhörte wie: ›Guck mal, was der schon alles erreicht hat!‹, oder: ›Schau mal, was die schon alles geleistet hat!‹ Und manchmal sind wir sogar selbst streng mit uns und werfen uns vor, wir hätten weniger geschafft als andere.

Deshalb ist es so wichtig, dass wir uns jeden Tag – und ich meine wirklich jeden Tag! – sagen, was wir alles schon geleistet haben.

Jedem Menschen ist schon viel Großartiges gelungen. Er muss sich nur daran erinnern.

Kreativ gegen Zukunftsängste

Beim Abendbrot war Johanna sehr schweigsam. Auch als sie mit ihrem Vater allein in der Küche zurückblieb und ihm dabei half, Geschirr abzuspülen, sagte sie kaum ein Wort. Als ihr Vater die Stille nicht mehr aushalten konnte, fragte er Johanna, ob etwas geschehen sei.

»Ich mache mir solche Sorgen!«, sagte Johanna.

»Warum denn?«, fragte ihr Vater.

»Ich habe Angst, dass ich die Führerscheinprüfung nicht bestehe, wenn ich groß bin.«

Ihr Vater schaute sie verdutzt an und fragte: »Die Führerscheinprüfung? Aber Johanna, dafür hast du doch noch einige Jahre Zeit. Wie kommst du denn überhaupt darauf?«

»Na ja«, begann Johanna langsam zu erzählen, »unser Lehrer hat uns heute in der Schule erzählt, wie schwer die Führerscheinprüfung ist, dass er sogar einmal durchgefallen ist und bis heute nicht gerne Auto fährt. Er hatte damals große Mühe, das Autofahren zu lernen und ich habe jetzt schon den ganzen Tag Angst, dass es mir genauso ergeht, wenn ich größer bin.«

Ihr Vater lachte liebevoll und tröstete seine Tochter. »Aber Johanna, ich muss es noch mal sagen: Du hast noch ein paar Jahre Zeit, bis du den Führerschein machen kannst. Und dann wird es sicher gar nicht so schwierig sein, wie du jetzt denkst. Deine Mutter und ich haben die Prüfung sofort bestanden.«

Der Vater merkte, dass er Johanna noch nicht ganz aufgeheitert hatte, und fragte sie:

»Wie oft putzt du dir die Zähne?«

»Mindestens zweimal am Tag«, antwortete Johanna.

»Jetzt stell dir einmal Folgendes vor«, forderte ihr Vater sie auf. »Stell dir vor, ich würde mir jetzt und auf der Stelle zehnmal hintereinander die Zähne putzen und dann sagen: ›So, jetzt habe ich vorgesorgt. Jetzt brauche ich mir für den Rest der Woche keine Zähne mehr zu putzen.‹ Wäre das nicht dumm?«

»Natürlich wäre das dumm«, lachte Johanna, »schließlich kann man seine Zähne ja nicht im Voraus putzen. Das geht nicht.«

»Siehst du«, erklärte ihr Vater, »genauso ist es mit unseren Gedanken. Wir denken oft an Dinge, die wir heute überhaupt nicht beeinflussen können und die erst in vier, fünf oder sechs Tagen anstehen. Und obwohl wir heute nichts tun können, beschäftigen uns diese Dinge ständig in unserem Kopf. Das ist, als würde man versuchen, sich vier oder fünf Tage im Voraus die Zähne zu putzen.

Du hast gerade etwas Ähnliches getan, meine liebe Johanna. Du hast an etwas gedacht, das erst in ein paar Jahren ansteht und worauf du heute überhaupt keinen Einfluss hast. Du hast also gerade versucht, dir mehrere Jahre im Voraus die Zähne zu putzen. Das funktioniert nicht. Du musst also nicht an die Führerscheinprüfung denken, denn du kannst heute noch nichts dafür unternehmen. Denke nur an den heutigen Tag.«

Anschließend fragte Johannas Vater: »Kennst du die Geschichte vom Schneeschippen?«

»Nein«, antwortete Johanna und schaute etwas verwirrt, weil sie nicht wusste, was ihr Vater damit meinte.

»Die Geschichte spielt im Hochsommer«, erzählte ihr Vater, »die Sonne schien den ganzen Tag auf die Stadt, die Erde war trocken, die Luft war staubig und alle Menschen schwitzten, weil es so heiß war. Dann ging ein Mann mit einer Schaufel aus dem Haus und sagte: ›So, ich werde jetzt Schnee schippen.‹

Sein Nachbar fragte ihn erstaunt: ›Wieso Schneeschippen? Hier liegt doch nirgends Schnee. Wir haben Sommer!‹

Der Mann mit der Schaufel antwortete: ›Aber in einem halben Jahr könnte es doch schneien. Ich muss doch jetzt schon etwas unternehmen.‹

Manche Menschen, liebe Johanna, versuchen gedanklich den Schnee wegzuräumen, der noch gar nicht auf die Erde gefallen ist. Sie machen sich Sorgen um ihre Zukunft. Sie flüstern zu sich selbst Sätze wie: ›Wie wird es sein, wenn …?‹, ›Werde ich in fünf Jahren krank werden?‹, ›Werde ich in zehn Jahren genug Geld haben?‹.

Du solltest heute noch nicht mit dem Schnee kämpfen, der erst in einigen Monaten auf die Erde rieseln wird. Entspann dich.

*Du musst heute noch nicht
jeden Schritt kennen, den du
in einigen Tagen, Monaten
oder Jahren einmal gehen wirst.*

Denke lieber an deine allernächsten Schritte und freue dich über den heutigen Tag. Denn der Tag heute kommt nicht wieder.«

Wir meistern nur den heutigen Tag

An einem Wochenende war Johanna sehr früh aufgestanden. Sie war wach geworden und hatte nicht mehr länger im Bett liegen können, weil sie dort von ihren Sorgen überwältigt wurde. Stundenlang dachte sie daran, welche Aufgaben sie wohl in ihrer Zukunft einmal zu bewältigen haben würde. Pausenlos grübelte sie darüber, ob es ihr in der Zukunft wohl gut gehen und ob ihr immer alles gelingen würde. Aber da sie dies nicht mit Sicherheit sagen konnte, hatte sie Angst vor der Zukunft. Johanna war so aufgeregt, dass sie wie ein gefangener Tiger im Käfig ständig im Zimmer auf und ab ging und nicht mehr weiterwusste.

Es war zwar noch sehr früh am Morgen, aber ihr Vater hatte ihre Schritte gehört. Er klopfte an ihre Tür und fragte: »Johanna, ist alles in Ordnung?«

»Nein, mir geht es nicht gut«, antwortete Johanna.

Der Vater kam herein und sah, wie Johanna nun traurig auf der Bettkante saß. Er setzte sich zu ihr und fragte: »Aber was ist denn los?«

»Ich mache mir solche Sorgen«, meinte Johanna, »ich

frage mich, ob ich zum Beispiel meine Wohnung oder mein Auto bezahlen kann, wenn ich größer bin. Ich frage mich, ob ich an meiner Arbeitsstelle einmal liebe Kollegen und Kolleginnen haben werde oder ob mich dort alle anschnauzen werden. Ich frage mich, ob ich eines Tages krank werde. Ich frage mich, ob ich als Erwachsene Zeit haben werde, meine guten Freundinnen und Freunde zu treffen, oder ob die dann alle fortgezogen sind. Dann bin ich bestimmt sehr einsam. Ich frage mich, ob ich einmal in eine andere Stadt ziehen muss und ob ich es dort aushalten werde. Ach Papa, ich mache mir ja solche Sorgen. Wie soll nur alles werden?«

Der Vater nahm Johanna in den Arm und sagte: »Meine arme, kleine Johanna. Du bist sehr nervös und ängstlich. Die Tasche muss schwer sein, die du da gerade schleppst.«

»Welche Tasche?«, fragte Johanna.

»Die Tasche mit den tausend Broten«, antwortete ihr Vater.

»Welche tausend Brote?«, fragte Johanna verwirrt, »also jetzt verstehe ich gar nichts mehr.«

»Die tausend Brote, die du bestellt hast«, erklärte ihr Vater. Als Johanna ihn immer noch vollkommen verdutzt anschaute, erläuterte ihr Vater, was er meinte.

»Stell dir vor, du würdest einen Laden betreten und Dinge für den Rest deines ganzen Lebens besorgen. Du würdest so viele Dinge kaufen, dass du nie wieder im Leben ein Geschäft betreten müsstest. Um für die Zukunft vorzusorgen, müsstest du also eintausend Brote, zehntausend Äpfel, zehntausend Flaschen Wasser und zwanzigtausend

Tomaten kaufen und diesen riesigen Einkauf in einer unvorstellbar großen Tasche davonschleppen.«

»Aber das wäre doch unsinnig«, meinte Johanna und schüttelte den Kopf, »man kann nicht seine Lebensmittel schon heute für die nächsten Jahre kaufen.«

»Aber du warst gerade dabei, etwas Ähnliches zu tun«, antwortete der Vater, »du hast gerade versucht, gedanklich dein komplettes Leben bis in alle Einzelheiten zu planen und dafür vorzusorgen, dass immer alles gelingt. Das machen sehr viele Menschen. Sie versuchen, in Gedanken schon heute alle Tage ihrer Zukunft ganz genau zu regeln und abzusichern. Weil das nicht funktionieren kann, rasten sie aus oder brechen zusammen. Das ist so, als würden sie heute ihr Essen und Trinken für die nächsten Jahrzehnte einkaufen. Erstens gibt es keinen Laden, der so vieles verkauft, und zweitens würden die Lebensmittel in der Zukunft schon längt verdorben sein. Wir können immer nur das Essen und Trinken für die nächsten Tage einkaufen«, erklärte der Vater.

»Natürlich können wir heute schon die Richtung vorgeben und sagen: Wenn ich alt bin, werde ich viel Gemüse oder Obst essen. Aber wir können keineswegs das Brot für die nächsten zehn oder zwanzig Jahre schon heute besorgen.«

Johanna schluchzte ein wenig und dachte darüber nach, was ihr Vater gesagt hatte.

Dieser erzählte weiter.

»Als ich noch ein kleiner Schüler war, hat unsere Lehrerin mit meiner ganzen Klasse einen Ausflug gemacht.

Wir gingen im Wald spazieren. Es war ein heißer Sommertag. Weil es so heiß war, marschierten wir an einen Fluss, um dort zu baden. Dann überlegte sich unsere Lehrerin eine Prüfung für uns. Sie zeigte uns eine Reihe von Steinen im Wasser und forderte uns auf, auf diesen großen Steinen über den Fluss zu laufen, bis zur anderen Uferseite. Um uns zu zeigen, dass dies wirklich möglich war, machte sie es uns vor. Als unsere Lehrerin auf der anderen Seite des Flusses stand, rief sie uns zu: ›Und jetzt ihr! Es ist kinderleicht.‹

Die Mutigsten betraten sofort die ersten Steine und gingen ganz gemütlich über den Fluss, indem sie sich nur darauf konzentrierten, ihren freien Fuß auf den nächsten Stein zu setzen. Es gab jedoch andere Schüler, die den ersten Stein im Wasser betraten, dabei aber die ganze Zeit auf die andere Uferseite schauten. Sie fixierten das Ziel und schauten nur auf das Ende ihres Weges. Sie sahen viele Meter in die Ferne. Aber sie hatten keine Augen für ihren nächsten Schritt. Weil sie ständig an das Ende ihres Weges dachten, verpassten sie den nächsten Stein und fielen ins Wasser«, sagte der Vater zu Johanna.

»Viele Menschen träumen nur von einer Sache. Sie wollen heute schon die Garantie dafür haben, dass sie eines Tages sicher ankommen und sich am Ende ihres Weges wohl fühlen. Wer aber dauernd an das Ende seines Weges denkt, verpasst die nächsten Schritte und rutscht aus. Es ist nicht ratsam, sich tagein, tagaus um seine Ziele und seine Zukunft zu sorgen. Sicherlich muss man die Richtung kennen, aber wichtiger, als die Zielmarke zu fixieren, ist es, sich ganz aufmerksam auf die nächsten Schritte zu konzentrieren. Nur dann hat man einen festen Stand.«

Es ist nicht unsere Aufgabe,
unser Leben zu meistern.
Wir müssen immer
nur den heutigen Tag
meistern. Das ist alles.

Ärger ist eine Entscheidung

Erst als Johanna zu Hause ankam, merkte sie, dass sie am frühen Morgen gleich nach dem Frühstück vergessen hatte, ihren Schlüssel mitzunehmen. Jetzt musste sie warten, bis ihr Bruder Leon nach Hause kam. Ihre Eltern waren noch bis zum Abend in der Arbeit. Ihr blieb nichts anderes übrig, als eine ganze Stunde lang vor der Tür zu hocken und zu warten.

Johanna wurde immer wütender. »Wieso musste ich heute den Schlüssel vergessen! Ich könnte schon längst im Zimmer sein und Hausaufgaben machen oder lesen oder Musik hören. Aber jetzt sitze ich dumm vor der Tür herum. Ich bin so sauer auf mich. Ich könnte vor Wut die Tür eintreten!«

Als Leon kam und die Tür mit seinem Schlüssel öffnete, konnte Johanna nicht aufhören zu schimpfen. Sie war nicht böse auf Leon, nein. Sie war böse auf sich selbst und sie schämte sich sogar ein bisschen.

»Johanna, hör auf, dich aufzuregen, nimm die Sache locker. Es ist doch nichts passiert«, wollte Leon sie beruhigen. Aber seine Schwester schimpfte noch mehr:

»Nichts passiert? Ich sitze eine Stunde blöd vor der Wohnung herum, und warum? Weil ich so chaotisch bin und den Schlüssel vergessen habe!«

Leon versuchte daraufhin noch einmal, seine Schwester zu beruhigen. »Na gut, Johanna, es war sicher nicht angenehm, eine Stunde Zeit zu verlieren. Aber überleg doch mal: Welche Bedeutung wird der heutige Nachmittag beim nächsten Weihnachtsfest haben?«

»Wahrscheinlich ... gar keine«, vermutete Johanna.

»Und wie wichtig wird das beim nächsten Osterfest sein?«

»Es wird gar nicht mehr wichtig sein«, gab Johanna zur Antwort.

»Und wie wichtig wird das in einem Jahr sein?«

»Überhaupt nicht«, antwortete Johanna.

»Siehst du«, erklärte Leon, »du kannst dich jetzt noch den Rest des Tages darüber aufregen, dass du den Schlüssel vergessen hast und vor der verschlossenen Tür warten musstest. Aber schon nächste Woche wird das alles keine Rolle mehr spielen. Und in einem halben Jahr auch nicht. In einem Jahr wirst du das wahrscheinlich schon vergessen haben. Und wenn du in einem Jahr etwas vergessen haben wirst, dann brauchst du dich heute auch nicht mehr darüber zu ärgern.«

»Irgendwie hast du recht«, überlegte Johanna.

Leon sprach weiter: »Wir alle erleben ab und zu ein Missgeschick. Aber wenn es beim nächsten Weihnachtsfest keine Rolle mehr spielen wird, können wir es auch heute schon vergessen.«

Du kannst dich den ganzen Tag über etwas ärgern. Das Schöne daran: Es zwingt dich niemand dazu.

Fokus auf das Wichtige

Für Johanna war es kein guter Start in den neuen Tag gewesen. Beim Frühstück hatte sie nicht richtig aufgepasst und aus Versehen mit einer ruckartigen Bewegung ein leeres Glas vom Tisch gestoßen, das daraufhin auf den Boden gefallen und in viele kleine Scherben zersprungen war. Niemand schimpfte mit ihr. »Das kann doch mal passieren«, sagten ihre Eltern. Aber Johanna war wütend auf sich selbst. War sie nicht immer so ungeschickt? War das kaputte Glas nicht wieder einmal ein Beweis dafür, dass sie ihre Körperbewegungen und überhaupt sich selbst nicht richtig unter Kontrolle hatte und von Panne zu Panne stolperte? Sie kochte vor Wut, als sie die Scherben auf dem Boden zusammenkehrte.

Auf dem Weg zur Schule war Johanna so schlecht gelaunt, dass sie um sich herum gar nichts wahrnahm und wie im Schlaf zur Schule trottete. Gedanklich war sie noch beim kaputten Glas und dabei, dass sie sich für ungeschickt hielt. Sie konnte sich auf nichts konzentrieren und ihre Gedanken flogen wie in einem dichten Nebel wild umher, ohne ein Ziel zu finden. Auch im Unterricht war Johanna traurig. »Warum musste mir das mit dem Glas passieren?«, fragte sie sich, als sie plötzlich ihren Namen hörte.

»Johanna, hörst du mir überhaupt zu? Ich habe dich etwas gefragt!«

Es war ihr Lehrer, der sie aufgerufen hatte. Wahrscheinlich sollte Johanna auf irgendeine Frage antworten, aber weil Johanna mit ihren Gedanken ganz woanders war, wusste sie gar nicht, was ihr Lehrer sie gefragt hatte, und konnte ihm deshalb nicht antworten. Als der Lehrer sie aus ihrem Tagtraum geweckt hatte, lachte die ganze Klasse. Jetzt war alles noch viel schlimmer. Ihre Klasse hatte sie ausgelacht! Wie konnte sie das nur ertragen?!

Zwei schlechte Ereignisse an einem Tag. Ein kaputtes Glas und eine Klasse, die sie auslachte – Johanna war erschöpft und den Tränen nahe, als sie nach Hause kam.

»Was ist denn daran so schlimm?«, fragte ihre Mutter sie. »Das sind doch so unwichtige Sachen. Die werden sich auf dein Leben in keiner Weise auswirken!«

»Na ja«, schluchzte Johanna, »aber es sind schon blöde Pannen.«

»Falsch«, protestierte ihre Mutter, »es sind unwichtige Kleinigkeiten, die es nicht verdient haben, dass wir sie unter die Lupe nehmen. Es sind unbedeutende Krümel.«

»Krümel?«, wunderte sich Johanna, »was willst du denn damit sagen?«

»Als ich einmal mit dem Auto gefahren bin«, erzählte ihre Mutter, »musste ich an einer roten Ampel halten und auf Grün warten. Als ich meine Augen auf die rechte Fußmatte vor dem Beifahrersitz richtete, sah ich dort viele kleine Krümel. Sie störten mich so sehr, dass ich sie aufsammeln wollte. Im selben Moment aber schaltete die Ampel auf Grün und ich musste losfahren. Danach war ich auf einer Landstraße unterwegs, die mich immer geradeaus führte. Weil man auf einer geraden Strecke nur das Lenkrad festhalten muss, beugte ich mich während der Fahrt nach unten und sammelte die Krümel von der Fußmatte auf. Dabei schaute ich nicht auf die Straße.

Erst als ich meinen Kopf hob, bekam ich den Schrecken meines Lebens. Mir kam ein Auto entgegen. Es fuhr direkt auf mich zu! Ich konnte in der letzten Sekunde mein Lenkrad herumreißen und dem Auto ausweichen. Ich war auf die falsche Spur geraten. Und das alles nur, weil ich nicht auf die Straße geschaut, sondern mich mit sinnlosen, kleinen Krümeln beschäftigt hatte.

Wir alle grübeln manchmal über Kleinigkeiten nach, die für unser Leben vollkommen unwichtig sind. Wir sind auf einer so langen Reise unterwegs. Und trotzdem verbringen wir Stunden damit, über winzige, nervige Krümel nachzudenken. Weil wir uns über Kleinigkeiten den Kopf zerbrechen, verlieren wir den Blick fürs Wesentliche. Je länger wir über Unwichtiges grübeln, Dinge, die für unser Leben vollkommen bedeutungslos sind, desto eher gerät unser Leben aus der Spur und es kommt zum großen Knall, der sogar tödlich sein kann. Lass es niemals zu, liebe Johanna, dass dich ein paar Krümel aufregen.

Schau lieber nach vorn und überlege, worauf es in deinem Leben wirklich ankommt.

Wenn du die wenigen Dinge findest, die für dein Leben wirklich entscheidend sind, dann wirst du keine Zeit mehr finden, über Kleinigkeiten zu brüten, die so unbedeutend sind wie Krümel in einem Auto auf einer langen Fahrt.

Wann immer du dich über etwas aufregen möchtest oder wann immer dich etwas traurig stimmt, frage dich: Ist die Sache wichtiger als Krümel, die im Auto auf einer Fußmatte liegen und auf die weitere Fahrt keinen Einfluss haben? Meistens lautet deine Antwort Nein.

Und das ist ein gutes Zeichen. Es bedeutet nämlich, dass du unbedeutende Krümel links liegen lassen und dich auf den wahren Lebensweg konzentrieren kannst.«

Das Wiederkäuen der Wut

Johanna und drei ihrer Freundinnen waren bester Laune, als sie nach der Schule auf den Bus warteten. Sie sangen laut Lieder, spielten an der Bushaltestelle Fangen, kreischten und schubsten sich danach gegenseitig. Als sie in den Bus einstiegen, hörten die Mädchen mit dem Blödsinn nicht auf. Die Schülerinnen warfen sich einen Ball zu, lachten so laut, dass alle Fahrgäste im Bus es hören konnten, und trampelten mit den Füßen, wenn eine von ihnen den Ball fallen ließ.

Einige ältere Fahrgäste im Bus wurden wütend. Besonders ein Mann schaute die Mädchen grimmig an. Schließlich wurde es ihm zu bunt. Er stand auf, ging schnellen Schrittes auf Johanna und ihre Freundinnen zu und schrie die Kinder an:

»Jetzt ist hier aber Schluss! Ihr habt kein Benehmen! Ihr solltet euch schämen! Wenn ihr noch einen Mucks von euch gebt, dann ziehe ich euch die Ohren lang. Außerdem werde ich euch eine Standpauke halten, die ihr nie wieder vergessen werdet.«

Mit hochrotem Kopf setzte sich der Mann wieder auf seinen Platz. Die Mädchen trauten sich kaum noch, miteinander zu sprechen. Sie hatten eine solche Angst vor dem schimpfenden Mann, dass sie nur noch flüsterten und den Rest der Busfahrt fast regungslos auf ihren Plätzen saßen.

Noch am selben Nachmittag saß Johanna ein wenig traurig in ihrem Zimmer. Sie konnte nicht vergessen, wie der Mann im Bus mit ihr und ihren Freundinnen geschimpft hatte. Wieder und wieder musste sie an den wütenden Mann denken, der so geschrien hatte.

Als Johanna ihrem älteren Bruder Leon erzählte, was im Bus geschehen war und dass sie deshalb schon den ganzen Nachmittag schlechte Laune hatte, überlegte Leon eine Weile und fragte:

»Hat dich schon mal eine Wespe gestochen?«

»Ja«, antwortete Johanna, »aber wie kommst du jetzt auf eine Wespe?«

»Pass auf!«, begann Leon, »wenn dich eine Wespe sticht, dann ist der Stich schnell vorbei. Er tut vielleicht weh, ist aber in etwa einer Sekunde schon wieder Vergangenheit. Das Schlimme ist nicht der Stich der Wespe, der ist ruckzuck vorbei. Das Schlimme ist das Gift, das durch den Körper strömt. Das sorgt nämlich dafür, dass deine Hand noch lange Zeit geschwollen ist, wenn dich dort eine Wespe gestochen hat.«

»Und was willst du mir damit sagen?«, fragte Johanna etwas genervt.

»Ein Wespenstich ist schnell vorbei. Tückisch ist das Gift, das für Tage im Körper bleibt. Ähnlich ist es, wenn jemand mit dir schimpft oder dich beleidigt. Vielleicht wart ihr tatsächlich zu laut im Bus, aber der Mann muss euch ganz schön heftig angebrüllt haben, wenn du jetzt noch daran denkst. Das ist es: Der Mann hat nur wenige Sekunden mit euch geschimpft. Aber du denkst noch Stunden später an ihn. Das ist, als würdest du das verbale Gift des Mannes immer wieder durch deinen Körper pumpen. Jedes Mal, wenn du an ihn denkst und dich daran erinnerst, wie er euch angeschrien hat, wenn du diese Szene noch mal und noch mal durchlebst, pumpst du wieder und wieder Gift durch deinen Körper. Der Mann hat aber mit dir eigentlich nichts zu tun. Du kannst ihn also getrost vergessen.

Wenn dich jemand beleidigt oder anschnauzt, sind es nie die Worte, die dir wehtun. Dir schadet der Kinofilm, der in deinem Kopf abläuft, indem du auf die Wiederholungstaste drückst.

Es gibt Ereignisse, die dein Leben in keiner Weise beeinflussen. Es sei denn, du fährst diese Achterbahn in deinem Geiste wieder und wieder. Dann pumpst du eine ordentliche Ladung Gift durch deinen Körper. Wen kümmert schon ein nörgelnder Giftzwerg, dem du voraussichtlich nie wieder begegnest? Fremde können dich so oft beschimpfen, wie sie wollen. Wenn du nie mehr an sie denkst, hat auch ihr Gift in deinem Körper keinen Platz und löst sich rasch auf.«

Fesseln uns Nörgler?

Bei einer Zirkusvorstellung erlebte Johanna den fantastischen Auftritt eines Künstlers. Es war ein Clown, der alle Zuschauer begeisterte. Er hüpfte auf der Bühne, machte Faxen, rutschte auf dem Boden aus und die Zuschauer konnten sich vor Lachen gar nicht mehr halten. Danach fing der Clown an, mit Bällen zu jonglieren. Johanna hatte noch nie einen Menschen gesehen, der so geschickt und elegant mehrere Bälle in die Luft warf und sie alle wieder auffing. Später nahm der Clown ein Akkordeon, spielte eine Melodie auf dem Instrument und sang Lieder dazu. Die Musik des Clowns sorgte für eine solche Stimmung im Zirkus, dass die Zuschauer nicht aufhören wollten zu applaudieren. Sie klatschten, trampelten vor Begeisterung mit den Füßen und riefen: »Zugabe, Zugabe!«

Johanna konnte gar nicht glauben, dass ein Mensch so ein Talent haben kann. Nach der Vorstellung ging sie hinter das Zirkuszelt und hoffte, mit dem Clown sprechen zu können. Sie fragte höflich nach ihm, es dauerte ein Weilchen, und dann kam er tatsächlich.

Johanna wollte wissen, wie es der Mann geschafft

hatte, seine Nummer einzuüben, und was sein Geheimnis war, mit dem er so viele Menschen unterhalten konnte. Wie kam er zum Beispiel auf die vielen Ideen, die er jeden Tag ausleben konnte?

»Ich habe lange Zeit sehr fleißig geübt«, meinte der Clown. Aber mit dieser Erklärung wollte sich Johanna nicht zufriedengeben. »Das kann doch nicht alles sein?«, meinte sie.

»Du bist ganz schön hartnäckig«, antwortete der Clown, »aber gut, ich möchte es dir genauer erklären.«

»Ich habe mich nie von anderen fesseln lassen«, meinte der Clown zu Johanna, »ich habe nie zugelassen, dass ein anderer Mensch zu mir kam und meine Füße oder meine Hände gefesselt hat.«

»Wollte dich jemand fesseln?«, fragte Johanna.

»Natürlich nicht in echt, aber mit Worten. Sieh mal, du verspürst bestimmt große Lust, irgendetwas zu tun. Vielleicht steckt in dir eine große Sportlerin oder eine Musikerin, vielleicht möchtest du später Ärztin werden oder ins Weltall fliegen, vielleicht möchtest du einmal ein großes Haus haben oder eines Tages fünf Sprachen sprechen können oder etwas ganz Großartiges erfinden oder Bücher schreiben oder als Clown die Leute zum Lachen bringen. Aber pass auf! Es kommen viele Menschen zu dir, die deine Hände oder deine Beine mit einem Seil fesseln wollen. Das sind Menschen, die dir Dinge sagen wie: ›Du bist nicht gut genug!‹, ›Das Leben ist voller Gefahren‹ oder ›Du wirst es sehr schwer haben‹ oder ›Du musst Angst davor haben, dass dir etwas passiert‹.

Schau mal, wie viele gefesselte Menschen durch unser Land humpeln«, meinte der Clown.

»Höre nie auf Sätze, mit denen dich ein anderer fesseln und unterdrücken will.

Mach immer einen weiten Bogen um Menschen, die dir den Mut rauben.

Und wenn dir jemand einreden will, wie gefährlich, wie schlimm und aussichtslos alles ist, nimm diesen Menschen bitte, bitte nicht ernst! Dann bist du fröhlich.«

Vorsicht vor Miesepetern

Johanna und ihr älterer Bruder Leon mussten ihre Eltern ab und zu begleiten, um ihre Verwandten zu besuchen. Da saßen Tanten, Onkel, Großtanten, Großonkel, Freunde und Bekannte um einen Tisch, tranken Kaffee und stopften sich mit Kuchen voll.

Leon und seine Schwester fanden die Besuche stets langweilig. Aber das war nicht das Schlimmste. Was den beiden noch viel mehr auf die Nerven ging, war, dass die Onkel und Tanten ständig und über alles gejammert hatten.

»Es ist kalt draußen und es regnet ständig, bei diesem Wetter holt man sich leicht eine Erkältung. Also ich würde mich nicht wundern, wenn wir nächste Woche alle krank werden«, sagte eine Tante.

»Du hast recht«, stimmte eine andere ein, »es sind wirklich schon sehr viele Menschen erkältet. Uns wird alle noch die Grippe erwischen!«

Und ein Onkel versuchte das noch zu überbieten. »Ja, ich habe auch schon leichte Kopfschmerzen!«

Einige Minuten später meckerten die Erwachsenen

über etwas anderes. Diese Tanten und Onkel fanden immer etwas, worüber sie sich beschweren konnten.

»Die Kinder sind heutzutage so frech. Die grüßen gar nicht mehr«, rief eine Tante.

»Genau«, schimpfte ein Onkel, »die wissen überhaupt nicht, wie man ›Guten Tag‹ sagt. Also wir waren damals ganz anders erzogen!«

Besonders gerne sprachen die Erwachsenen darüber, wie schlimm und düster alles in der Zukunft sein werden würde. »In unserem Land läuft alles schief, die meisten werden bald kein Geld mehr haben und wir alle werden arm sein. Da kann man nichts machen«, jammerte eine Tante und schob sich ein weiteres Stück Kuchen in den Mund.

Als Johanna mit ihrer Familie im Auto saß und nach Hause fuhr, fragte sie ihren Bruder Leon: »Wie hältst du das Gejammer nur aus? Das kann man nicht mit anhören.«

»Ich stelle mir vor, ich wäre ein Mitarbeiter am Flughafen. Auf dem Rollfeld«, sagte Leon.

»Auf dem Rollfeld?«, staunte Johanna.

»Ja«, meinte Leon, »die Leute auf dem Rollfeld haben immer Ohrenschützer auf. Die schützen ihre Ohren vor dem Lärm der Flugzeugmaschinen.

Wenn du unter Menschen bist, die nur schwarzmalen, musst du dir vorstellen, dass du dir Ohrenschützer aufsetzt, damit das Gejammer nicht in dich hineindringt«, erklärte Leon und fuhr fort:

Ich habe das Gefühl, dass wir im Zeitalter der Tunker leben. Tunker sind Menschen, die dir erzählen, wie schlimm sie die Welt finden, und dich so in ein Meer der schlechten Laune tunken wollen.

Höre niemals zu, wenn ein Miesepeter erzählt, dass er alles schlecht findet. Dann wirst du immer mit deinem Kopf über Wasser bleiben und das Licht der Sonne genießen.«

»Leon hat recht«, sagte Johannas und Leons Mutter, die im Auto das Gespräch ihrer beiden Kinder mitgehört hatte. »Ihr kennt doch bestimmt die Geschichte der zwei Gärtner?«, fragte die Mutter.

»Nein«, sagten Leon und Johanna, und die Mutter sprach weiter.

»Stellt euch einen Garten mit vielen blühenden Pflanzen vor. Zwei Gärtner arbeiten dort, ein trauriger und ein fröhlicher Gärtner. Sie haben gemeinsam viele wunderschöne Blumen gepflanzt. Unter den vielen schönen, bunten und prächtigen Blumen sind aber auch zwei verwelkte Rosen.

Der traurige Gärtner nimmt eines Abends ein Fernglas und beobachtet aus seinem Häuschen heraus stundenlang nur den Ausschnitt mit den beiden verwelkten Rosen. Die Welt besteht für ihn nur noch aus verwelkten Rosen, je länger er dies tut.

Der fröhliche Gärtner weiß um die verwelkten Rosen im Garten. Er blendet sie nicht aus. Aber er sieht auch, dass es noch viele andere Blumen gibt, die sich kräftig, farbig und lebendig dem Himmel entgegenstrecken. Außerdem sind die gesunden Pflanzen in der Überzahl. Das verleiht dem fröhlichen Gärtner den Mut, eine weitere Blume zu pflanzen.«

Worauf habe ich Einfluss?

In der Zeitung hatte Johanna davon gelesen, dass ein Verein in ihrer Stadt einen Schreibwettbewerb veranstaltete. Wer Lust hatte, konnte eine Geschichte schreiben, sie abschicken und bewerten lassen. Schließlich sollten ein erster und ein zweiter Sieger gewählt werden.

Weil Johanna viel Freude am Schreiben hatte, rannte sie sofort auf ihr Zimmer, setzte sich an ihren Tisch und verfasste eine Geschichte. Als sie fertig war, steckte sie diese in einen Umschlag und schickte sie ab. In den folgenden Tagen war Johanna sehr nervös. Sie machte sich ununterbrochen Gedanken über den Schreibwettbewerb. Was, wenn die Geschichte auf dem Postweg verlorengehen würde? Was, wenn sie nicht rechtzeitig bei dem Verein eintreffen würde? Und selbst, wenn ihre Geschichte dem Verein früh genug vorliegen würde, würden die Leser ihre Geschichte mögen? Was, wenn ihre Geschichte nicht als gut bewertet werden würde? Würde sie damit leben können? Sie erzählte ihrer Großmutter von ihren Sorgen und davon, dass sie kaum noch schlafen konnte.

»Du willst ja mit deinen Gedanken fast die ganze Welt

kontrollieren«, sagte ihre Großmutter mitfühlend. Als sie merkte, wie nervös Johanna war, nahm sie ihre Enkelin in den Arm und führte sie auf den Balkon. Dort standen viele verschiedene bunte Blumen. Die Großmutter deutete auf eine der Blumen und fragte:

»Was musst du tun, damit diese Blume wächst?«

»Ich weiß nicht, worauf du hinauswillst«, nörgelte Johanna.

Die Großmutter blieb ruhig und erzählte: »Wenn du möchtest, dass eine Blume wächst, ist es deine Aufgabe, sie anzupflanzen. Es ist deine Aufgabe, sie regelmäßig zu gießen. Es ist deine Aufgabe, dafür zu sorgen, dass sie genügend Licht bekommt. Das ist aber alles, was du für das Wachstum der Blume tun kannst. Dass die Pflanze wächst, dafür sorgt die Kraft der Natur. Das Wachstum der Blume ist also nicht deine Aufgabe.«

Dann führte die Großmutter Johanna in die Küche. Dort lagen unglaublich viele Pilze auf einem Tuch.

»Sieh mal«, sagte die Großmutter, »die hat Opa alle gesammelt. Er geht so gerne im Wald spazieren und bringt nach einem regnerischen Tag Pilze mit. Leider kennt er sich nicht mit ihnen aus. Er weiß nicht, welche Pilze giftig sind und welche nicht. Er bringt einfach alle mit, die er findet. Ich stehe dann in der Küche und muss sie aussortieren: die guten Pilze in eine Schüssel, die giftigen in den Müll. Die können wir nicht essen. Ich muss also jeden Pilz einzeln in die Hand nehmen und prüfen, ob wir ihn essen können oder ob ich ihn wegwerfen muss.«

»Und was sollen mir die Pilze jetzt sagen? Ich mache

mir doch Gedanken darüber, ob meine Geschichte beim Schreibwettbewerb gut abschneidet!«, quengelte Johanna.

»Mit fast allem in unserem Leben ist es wie mit den Pilzen. Wenn wir ein Problem haben, müssen wir uns wie bei den Pilzen fragen: Ist das Problem gut oder giftig? Das bedeutet: Kann ich es beeinflussen oder kann ich es nicht beeinflussen? Es gibt nur diese beiden Möglichkeiten. Entweder kannst du etwas ändern oder nicht. Wenn du etwas beeinflussen kannst, überlege dir in aller Ruhe, was du tun kannst, um ein Problem zu lösen. Wenn du zum Beispiel nächste Woche einen Vokabeltest schreibst, hast du Einfluss und kannst jeden Tag lernen. Wenn du etwas nicht beeinflussen kannst, zum Beispiel ob den Leuten vom Schreibwettbewerb deine Geschichte gefällt, dann solltest du keinen Gedanken mehr daran verschwenden.

Frage dich bei jedem Problem: gutes Problem oder giftiges Problem? Habe ich Einfluss oder habe ich keinen Einfluss?

Wenn du über ein Problem nachdenkst, das du nicht beeinflussen kannst, ist es so, als würdest du giftige Pilze nehmen und aus ihnen eine Pilzsuppe zubereiten. Du musst dich dann nicht wundern, dass du nach dem Essen Bauchschmerzen hast. Leider grübeln Millionen von Menschen über Probleme, die sie nicht kontrollieren können. Sie denken immer wieder und immer wieder über etwas nach, das sie nicht ändern können, und wundern sich, dass sie nicht weiterkommen. Sie werfen also die giftigen Pilze in einen Topf und wärmen die giftige Pilzsuppe stets von Neuem auf.

Vielleicht glaubst du jetzt, dass ich dir Dinge erzähle, die du schon längst weißt, und du verdrehst die Augen, weil ich dich mit Kinderkram behellige«, räumte die Großmutter ein. »Aber wenn du glaubst, die Lektion mit den Pilzen nicht nötig zu haben, dann frag dich einmal ganz ehrlich, wann du zuletzt über ein Problem nachgedacht hast, das du in keiner Weise beeinflussen konntest.«

Niederlagen nicht überbewerten

Als Johanna einmal in der Schule eine schlechte Note bekam, war sie nicht nur traurig. Sie wollte auch nicht nach Hause gehen, weil ihre Eltern noch in der Arbeit waren und niemand sie trösten konnte. Auf dem Weg nach Hause kam Johanna an dem Zirkus vorbei, der immer noch in der Stadt weilte. Zufällig sah sie, wie der Clown auf der Wiese saß und eine Pause machte.

»Du bist doch das clevere, neugierige Mädchen«, sagte der Clown zu Johanna. »Aber warum siehst du so traurig aus?«

»Ich habe eine schlechte Note bekommen«, sagte Johanna.

Da begann der Clown, Johanna aufzumuntern. »Weißt du, was ich jeden Tag im Zirkus mache? Ich falle in jeder Vorstellung hin und die Leute lachen noch dazu über mich.«

»Was hat das denn mit meiner schlechten Note zu tun?«, fragte Johanna. »Ich weiß doch, dass die Leute im Zirkus über dich lachen. Das ist doch auch dein Beruf.«

Der Clown gab nicht nach und sagte: »Weißt du, dass

die Zuschauer meine Nummer ständig falsch verstehen? Sie kapieren nicht, was ich ihnen zeigen will.«

»Was willst du denn den Zuschauern zeigen?«, fragte Johanna neugierig.

Der Clown wurde nun etwas genauer. »Ich führe den Leuten im Zirkus ständig Missgeschicke vor. Ich falle auf den Boden, ich tue so, als ob ich mich nicht richtig auf den Stuhl setzen könnte oder als ob mir die Mundharmonika aus dem Mund rutschen würde. Und weißt du, was die Leute dann machen?«

»Was denn?«, wollte Johanna wissen.

»Sie lachen!«, rief der Clown. »Sie lachen über meine Missgeschicke. Aber das Wichtigste übersehen sie.«

»Was übersehen sie denn?«, bohrte Johanna nach.

»Sie übersehen, dass ich selbst über meine Missgeschicke lache. Das ist meine wichtigste Botschaft an die Zuschauer.«

»Ich lache über meine Fehler. Natürlich bin ich stolz auf mich und schätze mich, doch gleichzeitig nehme ich mich nicht allzu wichtig. Diesen Unterschied sollte jeder Mensch lernen. Jedem von uns passiert manchmal etwas Dummes. Jeder erleidet hin und wieder eine Niederlage. Es funktioniert nicht immer alles genau so, wie wir es uns wünschen. Die meisten Menschen können das nicht verkraften. Sie sind sauer, wütend oder traurig, weil sie glauben, dass ein Missgeschick oder eine Niederlage das Ende ist. Sie glauben, dass danach nichts Schönes mehr passiert. Aber das ist falsch. Es passiert noch so viel Wunderbares. Niederlagen gehören dazu. Wenn wir über sie jammern, sind wir schwach und ohne Mut. Aber wenn wir über unsere Niederlagen lachen und uns darüber freuen, dass nicht jeder Schuss ein Treffer sein muss, fühlen wir uns so stark, dass wir vor Freude in die Luft hüpfen und gleich noch einmal zum Wettkampf antreten.

Wer Niederlagen um jeden Preis vermeiden will, lebt in ständiger Angst, geht gebückt durch diese Welt, schleicht auf allen seinen Wegen und flüstert nur ganz leise. Wer aber über sich selbst und seine Missgeschicke lachen kann, hat auch keine Angst mehr vor ihnen und fühlt sich deshalb wie ein kräftiger König in dieser Welt.«

Erfolg durch Lockerheit

Johanna nahm seit vier Jahren Klavierunterricht. Sie übte fleißig und spielte zu Hause jeden Tag. Ihr Musiklehrer und auch ihre Eltern lobten sie und sagten: »Du spielst sehr schön, du kannst das jede Woche besser.«

Als Johanna erfuhr, dass ihr Musiklehrer ein Vorspiel angesetzt hatte, sagte sie sich fest entschlossen: »Ich muss es allen zeigen! Ich muss die Nummer eins sein, schöner spielen als andere und dann den längsten Applaus bekommen.«

Johanna übte wie besessen. Stundenlang spielte sie zu Hause auf dem Klavier, weil sie alle anderen Schülerinnen und Schüler hinter sich lassen wollte. Sie konnte an nichts anderes mehr denken als an das Vorspiel, bei dem sie besser abschneiden wollte als die anderen und das meiste Lob bekommen wollte. Aber je fleißiger sie übte, desto mehr Fehler machte sie. Jetzt erkannte der Musiklehrer, dass Johanna das Vorspiel viel zu ernst nahm und verbissen an die Sache heranging.

»Hast du schon einmal eine Mandarine geschält?«, fragte der Musiklehrer.

»Klar doch«, antwortete Johanna. »Warum fragen Sie das?«

Der Musiklehrer erklärte: »Wenn du eine Mandarine schälst, sind deine Hände und Finger locker und sanft. Wenn deine Hände starr sind und du mit aller Kraft die Mandarine zusammenpresst, hast du nur noch gepressten Saft in deinen Händen. Du musst die Mandarine ein Stück weit loslassen, um sie schälen zu können. Nicht mit brachialer Gewalt, sondern mit Leichtigkeit kommt man ans Ziel.«

Weil Johanna ihren Lehrer ungläubig anschaute, stand der Lehrer auf, holte eine Postkarte und zeigte sie seiner Schülerin. Auf der Karte war eine Brücke zu sehen.

»Das ist eine der größten Brücken der Welt«, erklärte ihr Musiklehrer. »Dort, wo diese Brücke steht, gibt es häufig Erdbeben. Die Brücke ist nicht fest und starr in den Boden gerammt, sondern sie ist beweglich. Die Brücke kann sogar mehrere Meter weit zur Seite schwingen. Weil sie so riesig ist, sieht man das nicht richtig.«

»Aber was hat die Brücke mit mir zu tun?«, wollte Johanna wissen.

»Die Brücke steht seit vielen, vielen Jahren, und zwar deshalb, weil sie immer in Bewegung ist. Sie ist flexibel und elastisch. Wenn sie starr und steif in den Boden gerammt wäre, wäre die Brücke schon längst eingestürzt.

Genauso locker, leicht und beweglich wie die Brücke solltest auch du sein, Johanna. Du darfst das Vorspiel nicht zu ernst nehmen. Es muss dir ein Stück weit egal werden, wie das Vorspiel ausgeht. Übe weiter jeden Tag, aber nimm das Vorspiel ruhig auf die leichte Schulter und denk immer an die Brücke auf dieser Postkarte.«

Johanna übte fortan jeden Tag, aber sie spielte einfach nur, weil ihr das Spielen Freude machte, ohne an ein Ziel oder an den Applaus zu denken. Und ihr Auftritt wurde tatsächlich ein voller Erfolg!

Ihr Musiklehrer lobte sie hinterher und sagte: »Siehst du, Lockerheit hilft. Viele Menschen denken, dass sie etwas schaffen müssen, dass etwas auf eine bestimmte Weise verlaufen muss, dass sich jemand auf eine bestimmte Weise verhalten muss und dass sie etwas bekommen müssen. Je länger sie dies denken, desto verkrampfter ist ihr Gesicht. Sie gehen dann mit den Jahren sehr grimmig und verbissen durch diese Welt.«

Wenn du etwas ergreifen willst, musst du es loslassen, um es zu bekommen.

Kreativ mit Wünschen umgehen

Drei Wochen vor ihrem Geburtstag durfte sich Johanna ein Geschenk aussuchen. Die Wunschliste durfte nicht allzu lang werden. Aber zwei oder drei Wünsche durften es schon sein. Das erste mögliche Geschenk schrieb Johanna in Großbuchstaben auf den Zettel. »Wenn ihr mir das schenken könntet – das wäre zu schön!«, schwärmte sie ihren Eltern vor.

»Ich glaube, das geht in Ordnung«, meinte ihr Vater.

Drei Wochen lang hüpfte Johanna jeden Morgen fröhlich aus dem Bett. Sie lachte und tanzte, als sie an ihr Geschenk dachte. Sie konnte es gar nicht mehr abwarten. Und dann – endlich – an ihrem Geburtstag bekam sie ihr Geschenk!

Erst hatte sie große Freude daran, aber schon nach weiteren drei Wochen bereitete ihr das Geschenk nur noch wenig Spaß. Und wieder drei Wochen später hatte sie das Geschenk beinahe vergessen. Sie holte es nur noch ein- oder zweimal pro Woche aus dem Schrank.

»Komisch«, meinte Johanna, »ohne Geschenk war

ich fröhlicher. Ich habe mich so sehr darauf gefreut. Jetzt habe ich mein Geschenk, aber nun ist es mir fast egal. Wie kommt das?«

»Das ist leider bei vielen Menschen so«, erklärte ihr Vater mit ruhiger Stimme. »Viele Menschen denken nur an das, was sie sich wünschen, und freuen sich nicht über das, was sie haben.«

»Ob du fröhlich bist, liebe Johanna«, erklärte ihr Vater, »hängt nicht davon ab, ob du ein neues Geschenk bekommst oder nicht. Es hängt davon ab, wie du deine bisherigen Geschenke siehst.«

Johanna wurde neugierig. »Erklär mir das genauer«, bat sie ihren Vater.

»Die meisten Menschen haben nicht bemerkt, dass sich in ihrem Kopf ein kleines Männchen ein Nest gebaut hat. Dieses Männchen lebt dort schon seit vielen Jahren. Das Besondere an diesem Männchen ist, dass es nur einen Satz bilden kann. Es sagt stets: ›Erst wenn ich ein neues Geschenk bekomme, bin ich fröhlich. Erst wenn ich ein neues Geschenk bekomme, dann bin ich fröhlich.‹

Dann passiert etwas Wunderbares: Der Mensch bekommt tatsächlich ein neues Geschenk und das Männchen im Kopf gibt eine Weile Ruhe, es sitzt aber immer noch da. Und bereits drei Tage später fängt es wieder an, seinen Satz zu sagen. ›Erst wenn ich ein neues Geschenk bekomme, dann bin ich fröhlich.‹«

Der Vater legte seine Hand auf Johannas Stirn und sagte: »Ich lege dir ein neues Männchen in deinen Kopf. Und dieses Männchen sagt immer wieder den Satz:

Ich mag neue Geschenke, und ich freue mich über alles, was ich schon habe.«

Und Johannas Vater erklärte: »Manche Menschen möchten so gerne etwas haben. Und wenn sie es dann bekommen, vergeht ihnen die Freude daran. Sie vergessen nämlich eines: Schöner als das Geschenk, auf das sie warten, ist das Geschenk, das sie schon bekommen haben.«

Johannas Vater fuhr fort: »Immer, wenn du sagst: ›Ich brauche dieses oder jenes, um glücklich zu sein‹, gewöhnst du dich daran, etwas zu brauchen. Irgendwann geht dein Wunsch in Erfüllung. Aber weil du dich daran gewöhnt hast, etwas zu brauchen, wirst du bald wieder etwas Neues brauchen. Ein neues Geschenk, was immer es sei, wird dich auf Dauer nie fröhlicher machen, als du jetzt schon bist.

Du kannst immer etwas finden, was dir gerade fehlt – selbst, wenn du sehr reich bist und viel Glück im Leben hattest. Nichts gegen neue Geschenke. Sie sind wunderbar! Richte aber deine Augen stets auf das, was du schon hast und bist. Du wirst dich wundern, wie viele neue Reichtümer du plötzlich in deinem Leben entdeckst. Das größte Unglück vieler Menschen ist, dass sie ihre vielen kleinen Reichtümer nicht zu schätzen wissen.«

Und schon hatte Johanna Spaß an allem, was ihr jemals geschenkt worden war.

Suchen wir Anerkennung?

Im Lauf der Zeit gewann Johanna zunehmend Freude daran, vor anderen Menschen zu sprechen. Die Freude war so groß, dass sie sich sogar in einer Theatergruppe anmeldete. Sie bekam eine Rolle, für die sie viel Text auswendig lernen musste, probte mit anderen Jungen und Mädchen und freute sich auf die Aufführung. Trotzdem kam sie einmal schlecht gelaunt von der Theaterprobe nach Hause.

»Was ist denn, macht dir das Theaterspielen keinen Spaß mehr?«, wollte ihre Mutter wissen.

»Das Theaterspielen schon, aber mich ärgert, dass ein anderes Mädchen die Hauptrolle hat. Ich darf zwar auch sehr lange auf der Bühne stehen und viel sprechen, aber ich habe eben nicht die Hauptrolle. Ich bin so wütend! Die andere Schülerin ist doch nicht besser als ich. Und trotzdem ist sie öfter auf der Bühne zu sehen als ich und bei der Aufführung wird ganz bestimmt sie den meisten Applaus bekommen und nicht ich. Das ist doch ungerecht!«

Die Mutter überlegte eine Weile und fragte Johanna: »Warum spielst du Theater?«

»Weil es mir Spaß macht!«, rief Johanna schnell.

»Wirklich?«, fragte ihre Mutter.

»Spielst du Theater, weil du einfach Freude daran hast, oder nur deshalb, weil du anderen gefallen willst und damit andere dich bewundern?«

Johanna wusste darauf nichts zu antworten.

Die Mutter nahm ihre Hand und sagte zu Johanna:

»Tust du etwas, weil du Freude daran hast, oder tust du etwas, weil du willst, dass andere dir auf die Schulter klopfen?«

»Du solltest weiter Theater spielen, wenn du dabei einfach fröhlich bist. Aber du solltest damit aufhören, wenn du nur das Lob der anderen willst.

Wenn du unbedingt möchtest, dass andere dich beneiden und bewundern, dann halten dich andere Menschen gefangen. Du bist dann von ihnen abhängig. Viele Menschen richten ihr Leben danach aus, was andere möglicherweise sagen könnten. Wenn ein Mensch verbissen und mürrisch versucht, von anderen geliebt und bewundert zu werden, wird er verbissen und mürrisch bleiben. Tut ein Mensch aber das, was er liebt, werden ihn die Menschen lieben und beschenken.«

Und dann erzählte die Mutter Johanna eine unvergessliche Geschichte.

»Ein Zirkusdirektor kam in die Manege und fragte einen Zuschauer: ›Was ist deine Lieblingsfarbe?‹

›Blau‹, sagte der Zuschauer und der Direktor verschwand hinter dem Vorhang, um sich ein blaues Hemd anzuziehen.

›So, jetzt gefalle ich dir‹, rief der Zirkusdirektor. Dann fragte er eine Zuschauerin: ›Und was ist deine Lieblingsfarbe?‹

›Ich habe Grün am liebsten‹, antwortete die Zuschauerin.

Der Direktor rannte also wieder hinter den Vorhang, zog sich dort ein grünes Hemd an und stellte sich wieder vors Publikum. Jetzt gefiel er der Zuschauerin, aber der erste Zuschauer mochte ihn nicht mehr.

Der Direktor rannte achtmal aus der Manege und zog sich immer ein neues Hemd in einer anderen Farbe an, aber nie konnte er allen Zuschauern gefallen. Irgendwann sagte er: ›Was soll's, ich pfeife darauf, welche Farbe meinen Zuschauern gefällt.‹

Und der Direktor zog sein Lieblingshemd an, das einfach nur weiß war. Darin fühlte er sich am wohlsten. Und weil er sich am wohlsten fühlte, liebten ihn die Leute.«

Johanna erkannte, dass manche Menschen ihr gesamtes Leben nach den Meinungen anderer Leute ausrichten. Sie verlieren sich in Tätigkeiten, von denen sie hoffen, dass sie ihnen bewundernde Blicke der Gesellschaft einbringen. So entschied sich Johanna, stets das zu tun, was sich für sie sinnvoll, gut und richtig anfühlt, statt sich durch Quälerei, Druck und Anspannung die wackelige und vorübergehende Zustimmung der anderen zu sichern.

Fokus auf das eigene Tun

Johanna war immer sehr aufgeregt, wenn sie mit Schülerinnen und Schülern aus ihrer Klasse in die Tanzstunde ging. Aufgeregt deshalb, weil sie sich schon mehrere Tage vorher darauf freute, sich endlich wieder im Rhythmus der Musik zu bewegen und mit ihrem Partner elegant über das Parkett zu schweben.

Ihr Tanzlehrer lobte sie und sagte: »Du wirst von Woche zu Woche besser, Johanna. Aus dir wird noch einmal eine sehr erfolgreiche Tänzerin, wenn du so weitermachst.«

Vor allem wollte sie ihren Eltern zeigen, wie schön sie tanzen konnte und wie harmonisch es aussah, wenn sie gemeinsam mit ihrem Partner einen Walzer aufs Parkett zauberte.

Eines Tages war es so weit: Der Abschlussball stand bevor. An diesem Abend waren auch die Eltern der Tanzschüler und Tanzschülerinnen eingeladen. Johanna konnte es gar nicht abwarten, ihren Eltern endlich ihre Tanzkünste zu zeigen.

Sie stand mit ihrem Partner auf der Tanzfläche. Ihre Eltern saßen am Rand des Saales und schauten zu. Als die

Musik einsetzte, machten Johanna und ihr Partner die ersten Schritte. Johanna aber konzentrierte sich nicht richtig auf ihren Tanz. Sie achtete nicht darauf, in welche Richtung sie ihr Partner führte. Sie hatte nur Augen für ihre Eltern. Ständig drehte sie ihren Kopf zum Tisch, an dem ihre Eltern saßen, um sich zu vergewissern, dass sie den Tanz ihrer Tochter wirklich genau verfolgten. Und auch, als sie mit ihrem Partner am anderen Ende des Saales war, schaute sie immer wieder zu ihren Eltern, weil sie wissen wollte, ob sie lächelten, ob sie strahlten, ob sie sie bewunderten und ob sie stolz auf ihre Tochter waren.

Schon stand sie mit ihrem Fuß ihrem Partner im Weg, sodass er stolperte und nur mit Mühe verhindern konnte, dass beide hinfielen. Das Paar tanzte weiter, aber weil Johanna jetzt, nach der kleinen Panne, erst recht immer wieder ihren Kopf zu ihren Eltern drehte, um sich zu vergewissern, dass sie trotzdem bestaunt wurde, bremste ihr Partner bei der nächsten Gelegenheit die Tanzbewegung ab. Er nahm Johanna an die Hand und führte sie von der Tanzfläche in eine Ecke des Saales.

»Was ist los, Johanna? In den Tanzstunden konnten wir den Walzer doch so leicht und fehlerfrei tanzen. Du warst voll konzentriert bei der Sache. Aber jetzt schaust du ständig zu deinen Eltern, sodass wir beinahe ausgerutscht wären. Ist dir denn die Meinung deiner Zuschauer so wichtig?«

»Wahrscheinlich schon«, antwortete Johanna nach längerem Schweigen.

Ihr Partner wollte nicht böse auf sie sein. Er nahm sie in den Arm und sagte:

»Wenn du bei jedem Schritt darauf achtest, wie andere dich sehen, wirst du einen Fehltritt machen. Wenn du bei jeder Bewegung darauf achtest, wie sie bei anderen ankommt, wirst du nicht mehr geschmeidig durch den Tag gleiten, sondern holprig von einem Fuß auf den anderen stolpern.«

»Wenn du immer schaust, ob andere dir Applaus spenden, konzentrierst du dich nicht mehr auf dein Werk, und deine Leistung lässt nach. Wenn du immer wieder den Fluss deines Handelns abbremst, um zu sehen, ob Leute am Rand stehen, die dich bestaunen, bewegst du dich wie ein stotternder Motor, der seinen Takt nicht findet.

Ein Großteil unserer Sorgen kommt daher, dass wir in den Augen anderer Menschen gut dastehen wollen. Je mehr du die Bewunderung anderer Menschen brauchst, desto weniger bekommst du sie. Deine Bewunderer sind wie kleine Gespenster. Suchst du nach ihnen, verstecken sie sich. Handelst du aus Liebe zu deiner Aufgabe, wirst du überrascht sein, wie sehr dich Menschen achten.«

Für seinen nächsten Tanz bekam das Paar großen Applaus.

Nach dem Ball dachte Johanna über die Worte ihres Tanzpartners nach. Noch am selben Abend schrieb Johanna in ein schönes Heft:

»Wir leben nicht, um Ziele zu erreichen. Wir leben, um eine Aufgabe zu finden, die wir lieben und bei der wir die Zeit vergessen. Das kann in unserem Beruf oder in unserer Freizeit sein. Wenn wir nicht darüber nachdenken, was dabei herauskommt, erreichen wir große Ziele, ohne es zu bemerken.

Erfolgreich bin ich nicht, wenn andere mich für erfolgreich halten, denn die Meinung der anderen kann von heute auf morgen wechseln. Erfolgreich bin ich, wenn ich mich voller Leidenschaft in eine Aufgabe vertiefe, wenn ich mit meinem Tun auch nur einem einzigen Menschen nützlich bin und ihm wie mir Freude bereite.«

Kreativ mit Erwartungen umgehen

Als Johanna bei ihrer Großmutter zu Besuch war, spürte diese, dass ihrer Enkelin etwas auf dem Herzen lag. Johanna war sehr einsilbig und starrte die meiste Zeit über auf die Tischplatte.

»Ist etwas geschehen?«, fragte die Großmutter.

Und dann erzählte Johanna, was sie bedrückte.

»Weißt du, Oma, ständig sagen mir Leute, wie ich etwas zu tun und dass ich etwas zu lassen habe. Meine Lehrerinnen und Lehrer kritisieren mich. Meine Eltern weisen mich zurecht. Meine Tanten sagen mir, wie ich etwas vollbringen muss und was ich auf keinen Fall tun darf. Ich fühle mich, als würde die Welt nur aus Schiedsrichtern bestehen, die mir Vorschriften machen und mir Weisungen erteilen.«

»Das verstehe ich sehr gut«, nickte die Großmutter. »Diese Menschen machen dir ständig Druck und drängen dich zu einer Sache, weil sie hoffen, dass es ihnen dann besser geht. Sie merken nicht, dass sie sich irren. Weißt du, Johanna«, erzählte die Großmutter, »je mehr Vorschriften dir ein Mensch macht, je genauer er von dir verlangt, wie du dieses oder jenes zu verrichten hast, je mehr dich jemand dafür kritisierst, dass du nicht in das Schema passt, das er sich für dich ausgedacht hat, desto klarer zeigt dieser Mensch, dass er unzufrieden mit sich selbst ist. Habe ich dir einmal von einem Maskenball in meiner Schule erzählt?«, fragte die Großmutter.

»Nein«, meinte Johanna, »du warst einmal auf einem Maskenball?«

»Ich ging als Drachen verkleidet zu diesem Fest«, erzählte die Großmutter.

»Zu dem Fest war aber auch meine Lehrerin gekommen. Sie hatte sich als Piratin maskiert. Leider merkte sie nicht, dass sie ihren Gürtel noch nicht angezogen hatte. Deshalb rutschte ihre Hose immer wieder ein Stückchen die Hüften herunter. Das merkte die Lehrerin aber nicht, weil sie nur Augen für die anderen hatte. Weil sie ihre herunterrutschende Hose ständig ein Stückchen nach oben ziehen musste, wurde sie so nervös, dass sie begann, mit uns allen zu schimpfen.

›Wie siehst du denn aus?‹, sagte sie zu mir. ›Du hast viel zu wenig Farbe im Gesicht. Ein Drachen muss doch dunkelgrün sein‹, nörgelte sie. Dann ging sie zu meinen Freunden und meckerte: ›Ihr habt euch farblich überhaupt nicht aufeinander abgestimmt. Zusammen aufgestellt, seht ihr furchtbar aus‹, zeterte die Lehrerin, wobei sie sich zum wiederholten Male ihre herunterrutschende Hose nach oben zog. Das Problem mit ihrer Hose ließ die Frau so sauer werden, dass sie zu jedem verkleideten Gast rannte und irgendein Kleidungsstück zurechtrückte, bis sie wieder ihre herabfallende Hose ein Stückchen nach oben ziehen musste.

Je häufiger ihre eigene Hose herunterrutschte, desto öfter schrie die verkleidete Lehrerin andere Gäste des Maskenballs an und befahl ihnen, sich so oder anders zu kleiden. Sie glaubte daran, dass es ihr besser gehen würde, wenn alle anderen ihre Anweisungen befolgten«, erzählte die Großmutter und meinte zu Johanna:

»Erst als ihr jemand einen Gürtel reichte und sie diesen um ihre Hüften schnallte, beruhigte sich die Piratin und konnte mit uns allen ein fröhliches Fest feiern.

Je mehr dich ein Mensch kritisiert, desto unzufriedener ist er mit sich selbst.

Je mehr dir ein Mensch auf Schritt und Tritt folgt und sagt, wie du etwas tun sollst, je mehr er dich dabei beobachtet, welche Handbewegung du machst und welche Arbeit du wie verrichtest, und je mehr dieser Mensch dir auf verbissene Weise genaue Anweisungen darüber gibt, wie du etwas zu gestalten hast, desto unzufriedener ist er mit sich selbst. Dieser Mensch flüchtet vor seinen eigenen Schwächen, indem er die Schwächen anderer Menschen unter die Lupe nimmt und laut darüber redet.

Ein solcher Mensch ist auf einen Irrglauben hereingefallen. Er glaubt, dass er den ganzen Tag jubelnd durch die

Welt hüpfen wird, wenn andere genau das tun, was er von ihnen verlangt. Und dann redet er ihnen auch noch ein, sie müssten sich schlecht fühlen, wenn sie seinen Befehlen nicht gehorchen und ihm damit wehtun.

Solange du weißt, dass ein Mensch, der jeden deiner Schritte kritisiert, begutachtet und bewertet, nur vor seinen eigenen Schwächen davonläuft, so lange kannst du gelassen sein.

Wenn jemand ständig an dir herumnörgelt und dir immer wieder vorwirft, du hättest dieses falsch gemacht oder du müsstest jenes tun, dann denk daran: Du bist auf dieser Welt, um andere Menschen zu lieben und sie so gut du kannst zu stützen. Aber du bist nicht auf dieser Welt, um anderen Menschen zu gefallen. Du lebst nicht, um die Erwartungen anderer Menschen zu erfüllen.«

Jeder hat seine Stärken

Johanna ging gleich nach der Schule zu ihren Großeltern. Nach dem Mittagessen unterhielt sie sich mit ihrem Großvater.

»Alle in der Schule sind besser als ich«, grummelte Johanna.

»Wie meinst du das?«, wollte ihr Großvater wissen.

»Na ja«, meinte Johanna, »da ist zum Beispiel ein Mädchen in meiner Klasse, das hat so wunderschöne blonde Haare. Und ich? Meine Haare sehen lange nicht so gut aus. Und eine andere Mitschülerin hat eine so wunderschöne Stimme. Sie singt sogar im Chor und alle bewundern sie. Sie ist die beste Sängerin bei uns! Ich wünschte, ich hätte auch so eine schöne Stimme«, seufzte Johanna.

»Und eine andere Schülerin ist so sportlich wie sonst niemand in der ganzen Schule. Sie läuft so schnell, dass keiner sie einholen kann. Ach, wenn ich doch auch nur so sportlich wäre!«

»Ich glaube, du bist ein bisschen neidisch«, stellte der Großvater fest. »Komm mit, ich zeige dir etwas.« Der Großvater nahm Johanna an die Hand und führte sie in den Garten.

»Schau mal«, sagte er, »da ist Lexi, der Hund unserer Nachbarn.«

Johanna kannte Lexi, denn sie hatte mit dem Hund schon mehrmals gespielt.

»Was ist mit ihm?«, fragte Johanna. »Der liegt nur faul in der Sonne herum?!«

»Jetzt schon«, sagte der Großvater, »aber du weißt doch, wie schnell er laufen kann. Er ist schnell wie der Blitz. Außerdem hat er eine unglaublich gute Nase. Was der alles riechen kann – das ist einfach fantastisch. Und jetzt guck dir mal die Vögel oben auf dem Baum an«, sagte der Großvater zu Johanna.

»Der Hund würde nie auf die Idee kommen, neidisch auf die Vögel zu sein. Ist der Hund etwa traurig, weil er nicht fliegen kann? Nein! Er kann zwar selbst nicht fliegen, das ist wahr. Aber er kann riechen, was die Vögel niemals riechen könnten. Er kann im Garten Löcher buddeln, er kann Stöckchen holen und versteht sogar unsere Kommandos. Manche Hunde können sogar Menschen das Leben retten. Das können Vögel nicht. Aber die Vögel können dafür majestätisch am Himmel kreisen und finden sich in der Luft zurecht wie kaum ein anderes Lebewesen. Der Vogel freut sich darüber, was er kann, und ist nicht neidisch auf Hunde. So solltest du es auch machen, Johanna«, meinte der Großvater.

»Vielleicht hat ein Mädchen in deiner Klasse schönere Haare oder kann schneller laufen als du. Aber dafür spielst du so wunderschön Klavier, das müssen dir andere erst einmal nachmachen. Und du schreibst so schöne Geschichten.

Dein Lehrer hat dich doch neulich erst gelobt. Vergiss nie, liebe Johanna: Neid ist immer sinnlos. Denn egal wie reich, talentiert oder berühmt du bist – du kannst immer einen Menschen finden, der gerade etwas hat, was du nicht hast.

Wer sagt dir, dass der Mensch, den du beneidest, glücklicher ist als du?

Vielleicht beneiden dich die anderen Mädchen darum, dass du so wunderbar Klavier spielen kannst. Jeder Mensch hat Stärken. Jeder Mensch kann etwas besonders gut und jeder Mensch ist reich an Fähigkeiten. Aber die meisten Menschen freuen sich nicht über das, was sie haben, sondern gucken ständig auf die Dinge, die eben nur die anderen haben. Kein Wunder, dass sie den ganzen Tag traurig sind.«

Nun führte der Großvater Johanna in sein Zimmer und zeigte ihr sein Puzzle auf dem Tisch. Es lag noch viel Arbeit vor ihm, denn das Puzzle war gerade einmal zur Hälfte fertig.

»Wir Menschen sind wie diese Puzzleteile. Jedes Teil ist wertvoll und wichtig. Und jedes Teil hat eine einzigartige Aufgabe. Natürlich ist jedes Teil anders, aber wenn ich die Teile richtig zusammenlege, ergeben sie ein perfektes, wundervolles Bild.

Mit uns Menschen ist es genauso. Wir alle sind unterschiedlich. Doch zusammen sind wir vollkommen. Jeder Mensch kann etwas, was viele andere nicht können. Man muss seine Fähigkeiten und Talente nur erkennen. Sei nicht traurig über deine Schwächen, sondern freue dich über deine Stärken.«

»Aber wie erkenne ich meine Stärken, wenn ich nicht weiterweiß?«, fragte Johanna.

»Ganz einfach«, lächelte der Großvater, »überlege, bei welchen Aufgaben, bei welchen Tätigkeiten und in welchen Stunden du völlig die Zeit vergisst und in dem aufgehst, was du tust. Es ist in der Regel eine Tätigkeit, bei der du fast nie müde wirst. Willst du deine Stärken herausfinden, dann tue das, was sich gut anfühlt. Höre auf dein Herz. Es weiß genau Bescheid.«

Dem Teufel kreativ begegnen

Manchmal fiel es Johanna schwer, an die Dinge zu denken, die sie gut konnte. Häufig sah sie, wie geschickt ihre Mitschülerinnen und Mitschüler waren und was anderen Jungen und Mädchen in ihrem Alter schon alles gelang. Wenn ihr das auffiel, hatte Johanna stets ein schlechtes Gewissen.

In ihrer Parallelklasse war ein Junge, der nur zwei Wochen älter war als sie, der aber bereits jede Woche in einem kleinen Betrieb arbeitete. »Der ist so fleißig und verdient sein eigenes Geld. Und ich? Ich bin genauso alt wie er und verdiene noch gar nichts«, dachte Johanna und fühlte sich plötzlich sehr schlecht.

In ihrer Schule gab es außerdem ein Mädchen, das ein Jahr jünger war als sie, das aber zwei Sprachen fließend sprechen konnte. »Die Kleine ist so geschickt«, dachte Johanna, »sie ist jünger als ich, spricht aber mehr Sprachen. Im Vergleich zu den anderen kann ich nur wenig. Ob mit mir etwas nicht stimmt?«

Sie zweifelte wirklich an sich selbst. Einmal, vor dem

Einschlafen, ging Johanna ans Fenster und schaute nach der Taube. Sie konnte sie nirgendwo erblicken, aber sie hoffte inständig, dass die Taube ihr helfen und ihr einen Ratschlag geben würde. »Liebe Taube«, flüsterte sie, »ich habe das Gefühl, dass die anderen besser und wertvoller sind als ich. Ist das tatsächlich so? Gib mir doch bitte, bitte eine Antwort!«

In der Nacht träumte Johanna tatsächlich von der weißen Taube! Diese streckte ihr kleines Köpfchen ins Zimmer und sagte zu Johanna: »Wenn jemand mit dir heftig schimpft, gibt es dafür nur einen Grund: Er oder sie ist schon lange nicht mehr gestreichelt und umarmt worden.«

Am nächsten Morgen erwachte Johanna mit einem großen Fragezeichen in sich. Was hatte dieser Traum zu bedeuten? Konnte sich die Taube nicht einfacher ausdrücken und deutlicher werden? Johanna wollte getröstet werden und keine Rätsel lösen müssen!

Im Laufe des Tages fing Johanna wieder an, sich mit anderen zu vergleichen und sich dabei schlecht zu fühlen. Es kam ihr so vor, als würde sie eine kleine Stimme in ihrem Kopf hören, die ihr ständig sagte: »Du bist nicht gut genug! Die anderen können viel, aber du hast fast gar nichts auf die Reihe gekriegt. Schäm dich!« Plötzlich wurde Johanna klar, dass diese Stimme nicht ihre Stimme war. Es war die Stimme eines kleinen Teufelchens, das in ihrem Bauch saß. Dieses Teufelchen machte Johanna ständig Dampf und schimpfte pausenlos mit ihr.

Und jetzt ergab auch der Satz der weißen Taube wieder Sinn, von der sie geträumt hatte.

Wenn jemand mit dir heftig schimpft, gibt es dafür meist einen Grund: Er oder sie ist schon lange nicht mehr gestreichelt und umarmt worden.

Johanna machte große Augen, weil ihr schlagartig klar wurde, was sie zu tun hatte. Wann immer sich das kleine Teufelchen in ihrem Bauch meldete und ihr Vorwürfe machte, ihr Sätze in die Ohren brüllte wie »Du hast bisher deutlich weniger geleistet als alle anderen!«, »Du bist ohne Talent!« oder »Du wirst immer wieder Fehler machen und dir wird gar nichts gelingen! Du bist eine Versagerin! Schäm dich!«, schloss Johanna die Augen und stellte sich vor, sie würde an ihrem Bauch eine kleine Tür öffnen.

Dann nahm sie in ihrer Vorstellung das kleine, schimpfende Teufelchen heraus und fing an, es zu streicheln. Nach ein paar Augenblicken drückte sie das Teufelchen sanft an sich und streichelte es weiter. Sie sagte zu ihm: »Ich mag dich sehr, mein kleines Teufelchen. Aber du übertreibst mal wieder ganz schön. Leg dich jetzt schlafen. Das wird dir guttun. Gute Nacht!« Und im Nu ging es Johanna besser.

Johanna erkannte: Jeder hat ein inneres Teufelchen, das einem Vorwürfe macht, einen in Angst versetzt und einen ausschimpft. Wer erkennt, dass es sich um die Stimme des Teufelchens handelt, ist von diesen Vorwürfen nicht mehr gefesselt. Und wer es streichelt und sanft an sich drückt, bewirkt, dass das Teufelchen verstummt und dass es einem besser geht.

Einen Vortrag meistern

Johanna mochte es, vor anderen Leuten zu sprechen. Sie wollte einmal Schauspielerin werden. Sie mochte es aber überhaupt nicht, wenn ein Lehrer oder eine Lehrerin ihr dabei zuhörte und ihr eine Note geben sollte. Eines Tages musste Johanna wie alle ihre Mitschüler einen Vortrag vor der ganzen Klasse halten. Sie wurde jeden Tag nervöser, denn das Thema interessierte sie nicht und sie hatte Angst davor, ihr Lehrer könnte ihr eine schlechte Note geben.

»Hoffentlich mache ich keinen Fehler. Und hoffentlich werden mich die anderen nicht auslachen«, dachte Johanna. Sie hatte so große Angst vor dem Vortrag, dass sie ihrem älteren Bruder Leon, ihren Eltern und ihren Großeltern davon erzählte.

Schließlich war der Tag gekommen, an dem Johanna vor ihrer ganzen Klasse sprechen musste. Doch er begann mit einer Überraschung. Als Johanna an den Frühstückstisch kam, sah sie, dass auf ihrem Teller ein Brief lag.

»Den hat Oma dir geschickt«, sagte Johannas Mutter. Johanna öffnete den Brief und las, was ihre Großmutter ihr geschrieben hatte.

»Liebe Johanna,
heute wirst du einen wundervollen Vortrag halten. Ich weiß es ganz genau, denn du bist viel geschickter, als du denkst. Du glaubst, dein Talent sei so groß wie ein Grashalm. Falsch! Dein Talent ist so riesengroß wie eine hohe Tanne im Wald.

Aber solange du dich für einen Grashalm hältst und dich kleinmachst, werden dich die Leute so behandeln. Sei gewiss, dass dein Können wie eine große Tanne emporragt und den Himmel berührt.

Jetzt fragst du dich sicher, wie du dich stark fühlen kannst, liebe Johanna. Das ist ganz einfach: Suche dir drei Menschen in deinem Umfeld, die du bewunderst. Es müssen starke, kraftvolle und mutige Menschen sein, die sich auf die Zukunft freuen. Diese drei Menschen sind deine Vorbilder. Besonders wenn du es einmal schwer hast, dann frage dich: Wie würde jetzt mein Vorbild handeln?

Liebe Johanna, um dich herum gibt es viele Menschen. Manche sind stark, fröhlich, mutig und klug, andere sind es nicht. Ich wünsche dir die Kraft, dich in die starken, fröhlichen und mutigen Menschen zu verlieben. Du wirst sie bald viel leichter erkennen und dich zu ihnen hingezogen fühlen.

Und du wirst dich immer öfter fragen: Was kann ich von diesen Menschen lernen? Denkst du an deine Vorbilder, bist du so stark, als würdet ihr gemeinsam an einem Strang ziehen. Keine Sorge, du wirst sie schon nicht vollständig nachmachen. Dafür bist du viel zu gescheit. Du kannst dich auf dich selbst verlassen. Aber du wirst mit der Zeit die Kraft deiner Vorbilder, ihre Fröhlichkeit, ihren Mut und ihre Klugheit übernehmen. Jeden Tag ein Stückchen mehr. Du verwandelst dich in eine Siegerin. Ja, das wünsche ich dir! Deine Oma.«

Diese Worte ihrer Großmutter hatten Johanna wachgerüttelt und ihre Angst war vollkommen verschwunden. Auf dem Schulweg musste sie mit einem Lächeln daran denken, was ihre Großmutter ihr geschrieben hatte, dass ihre Fähigkeiten nämlich so groß wie eine Tanne waren, die sogar Häuser überragt. Sofort ging Johanna aufrecht und fühlte sich größer und stärker.

Außerdem fiel ihr ein, dass einer ihrer Onkel ein Vorbild für sie sein könnte. Er hatte immer gute Laune. Er lachte immer so laut, dass er andere mit seinem Lachen anstecken konnte. Ihr Onkel hatte eine kräftige, laute Stimme, die – so fühlte es sich zumindest für Johanna an – durch das ganze Zimmer drang und sofort in alle Ecken schwingen konnte. Mit seiner tiefen, starken und kräftigen Stimme sagte ihr Onkel häufig ganz entschlossen den Satz: »Nur keine Bange! Warum sollte es uns nicht gelingen?! Es ist vielleicht anfangs schwierig, aber es geht!«

Als Johanna endlich vor ihrer Klasse stand, musste sie

noch einmal an ihren Onkel denken. Sie hob ihren Kopf ein wenig höher als sonst, machte sich größer als gewohnt und ihre Stimme war lauter als üblich. Es machte ihr große Freude, vor der Klasse zu reden und sich dabei in eine Siegerin zu verwandeln. Die Mitschülerinnen und Mitschüler hörten aufmerksam zu. Johanna bekam viel Applaus und eine sehr gute Note.

Singst du zwei Lieder gleichzeitig?

Das Klavierspielen gelang Johanna von Jahr zu Jahr besser. Ihr Musiklehrer lobte sie oft, weil er von ihren Fortschritten begeistert war. In einer Musikstunde aber machte Johanna einen Fehler nach dem anderen, schlug stets die falschen Tasten an und musste ihr Klavierspiel ein ums andere Mal abbrechen, weil sie sich einfach nicht konzentrieren konnte.

»Warum bist du denn so zerstreut, Johanna?«, fragte ihr Musiklehrer, »du bist ja mit deinen Gedanken ganz woanders.«

Johanna atmete kräftig aus und erzählte mit gesenkten Schultern von ihren Sorgen.

»Ich habe so viel Arbeit. Ich weiß gar nicht, wo mir der Kopf steht. Wir müssen in der Schule bald ganz viele Klausuren schreiben. Ich muss so viel lernen. Dann renovieren wir zu Hause einen Teil der Wohnung. Da muss ich mithelfen. Das ist viel Arbeit. In den Sportverein muss ich auch gehen. Und außerdem möchte ich ja noch Klavier üben. Und am Wochenende fahren wir zu meinem Onkel, der Geburtstag hat. Ach, ich weiß ja nicht, wie ich das nur alles schaffen soll.«

Der Musiklehrer stand auf, ging zu einem Schrank, holte ein Foto heraus, ging zu Johanna zurück und zeigte ihr das Bild. Darauf war ein Mann zu sehen.

»Wer ist das?«, fragte Johanna.

»Das ist mein Lehrer. Da war er noch viel jünger als heute.«

»Warum zeigen Sie mir ein Foto von ihm?«, wunderte sich Johanna.

»Weil mir dieser Mann nicht nur die Musik, sondern eine der wichtigsten Lektionen meines Lebens beigebracht hat«, antwortete ihr Musiklehrer.

»Bei diesem Mann hatte ich Gesangsunterricht. Er bereitete mich einmal auf ein Konzert vor. An einem einzigen Abend musste ich zwanzig Lieder singen. Mir ging es damals ähnlich wie dir jetzt. Ich hatte zu dieser Zeit unglaublich viele Aufgaben zu bewältigen und wusste gar nicht, wo ich anfangen sollte. Davon erzählte ich meinem Lehrer bei einer Probe. Der befahl mir harsch, auf die Bühne zu gehen und sofort das erste Lied zu singen.

Also sang ich das erste Lied. Als ich fertig war, forderte er mich auf, das zweite Lied zu singen. Also sang ich das zweite Lied. Und dann rief er mir zu, ich solle das dritte Lied singen. Ich tat auch das. Und dann brachte mich mein Musiklehrer völlig durcheinander.

Er sagte nämlich zu mir: ›Und jetzt singst du alle drei Lieder gleichzeitig!‹

Ich überlegte ein Weilchen, weil ich nicht wusste, ob er das ernst meinte.

›Na los!‹, rief er, ›sing alle drei Lieder gleichzeitig!‹, befahl er.

›Aber ... wie soll das gehen? Ich habe doch nur eine Stimme und kann immer nur ein Lied singen‹, gab ich stotternd zur Antwort. Dann kam mein Lehrer auf die Bühne, klopfte mir freundschaftlich auf die Schulter und lächelte mir zu.

›Das ist es ja, was ich dir zeigen wollte‹, meinte er zu mir. ›Jeder Mensch hat nur eine Stimme. Also kann selbst der beste Sänger der Welt stets nur ein Lied singen. Kein Mensch auf der Welt kann zwei Lieder gleichzeitig singen‹, antwortete mein Lehrer.

Das solltest du immer bedenken, Johanna. Oft erledigen wir eine Sache und denken dabei schon an die nächste Aufgabe. Das ist, als würden wir versuchen, zwei Lieder gleichzeitig zu singen. Ich hatte damals Angst davor, einen ganzen Abend als Sänger auf der Bühne zu stehen.

Gedanklich versuchte ich, alle zwanzig Lieder auf einen Schlag zu singen. Das schafft niemand. Als ich nur an ein Lied dachte, war das Singen kinderleicht.

Liegen einmal viele Aufgaben vor dir, denke nicht an die Fülle von Arbeit, die vor dir liegt. Du kannst dir wie eine Taube eine einzige Aufgabe herauspicken und diese lösen, ohne an etwas anderes zu denken. Dann singst du tatsächlich nur ein Lied.

*Wenn du das Gefühl hast,
dass dich deine vielen
Aufgaben erschlagen, dann
sing immer nur ein Lied.
Versuche nicht, zwei Lieder
auf einmal zu singen.*

Denke nur an die nächste Strophe. Singe sie mit Leidenschaft und Freude. Hinterher wirst du darüber staunen, was du in kurzer Zeit alles geschafft hast.«

Kreativ mit Sorgen umgehen

Auf den Urlaub mit ihrem Bruder und ihren Eltern hatte sich Johanna sehr lange gefreut. Umso glücklicher war sie, als die Reise endlich beginnen sollte und die ganze Familie sich auf den Weg zum Meer machte. Eine ganze Woche wollten Johanna und ihre Familie dort verbringen. Sie nahmen aber auch eine Tante mit.

Am ersten Urlaubstag ging die gesamte Familie zum Strand. Johannas Tante blieb plötzlich stehen und sagte:

»Geht ihr schon mal zum Wasser. Ich gehe noch in die Stadt und kaufe uns einen Regenschirm.«

»Aber wieso denn? Es soll doch heute und in den kommenden Tagen schön sonnig bleiben«, entgegneten Johanna und ihre Familie.

»Wer glaubt das schon? Wir müssen uns absichern«, antwortete die Tante und verbrachte den ganzen Tag in der Stadt, um in Geschäften nach einem geeigneten Regenschirm zu suchen.

Am zweiten Urlaubstag ging die gesamte Familie erneut zum Strand. Wieder drehte sich die Tante um und sagte:

»Ich gehe noch einmal zurück in die Stadt. Dort werde ich Medikamente kaufen.«

»Wozu denn Medikamente?«, fragten Johanna, ihre Eltern und ihr Bruder. »Wir sind doch alle gesund und es geht uns allen bestens.«

»Aber wer weiß, ob das so bleibt? Wir müssen uns absichern«, gab die Tante zur Antwort und brachte den ganzen Tag in der Stadt zu, um Medikamente zu kaufen.

Am dritten Tage dachten Johanna, ihre Eltern und ihr Bruder, dass ihre Tante nun endlich zum Strand mitkommen würde. Aber auch diesmal machte die Tante kehrt und sagte:

»Nein, ich muss in die Stadt. Ich muss für uns Rettungsreifen kaufen.«

Als ihre Familie die Tante verwundert anblickte, schob sie hinterher: »Wenn ihr den ganzen Tag am Strand sein und im Meer schwimmen wollt, braucht ihr doch einen Rettungsreifen, damit ihr nicht ertrinkt. Wir müssen abgesichert sein.«

»Aber wieso denn?«, fragte Johanna. »Wir möchten doch gar nicht schwimmen gehen, sondern nur unsere Füße in die rauschenden Wellen halten.«

Trotzdem blieb die Tante den ganzen Tag in der Stadt und hielt Ausschau nach Rettungsreifen.

Erst am Tag der Abreise vergoss die Tante eine kleine Träne und stellte fest: »Schade. Nun müssen wir diesen Ort verlassen. Ich habe ihn gar nicht richtig erlebt.

Ständig habe ich Gespenster gesehen, die es nur in meiner Vorstellung gab. Ständig habe ich Stürme aufziehen sehen, die sich nie am Himmel, sondern nur in meinem Geist bildeten. Ständig habe ich giftige Tiere gewittert, die uns nur in meinen Träumen verfolgten.

So habe ich uns alle immer wieder fallen und stürzen sehen, wo wir doch in Wahrheit auf festem Boden standen und mit der Erde verbunden waren.«

Als die Familie aus dem Urlaub nach Hause zurückgekehrt war, deutete Johannas Bruder Leon auf seinen Computer. Er interessierte sich sehr für Technik und sagte: »Schaut mal, mein Rechner hat ein Schutzprogramm gegen Viren. Das bedeutet, dass die meisten Computerviren niemals auf meinem Rechner landen. Auch in unserem Leben gibt es so etwas wie eine Firewall. Ich weiß nicht genau, wie sie funktioniert, aber das ist egal. Jedenfalls weiß ich, dass sie nicht jede schlimme Vorstellung, die mir in den Sinn kommt, in mein Leben durchlässt. Wir müssen uns das immer wieder klarmachen!«

Johannas Tante ging es schlagartig besser, als sie einsah, dass der Mensch manchmal Schlimmes befürchtet, das meiste davon aber nur in seiner Vorstellung existiert und er es nie auf dieser Erde erleben muss. Sie vertrat zwar weiterhin die Meinung, dass es kein Mensch ausschließen kann, dass schlimme Ereignisse in sein Leben treten. Doch nun fragte sie sich: Wenn tatsächlich noch schwere Stunden auf mich warten – weshalb sollte ich sie dann heute schon im Geiste erleben, wenn sie erst in der Zukunft kommen? Noch sind sie nicht da. Dann genieße ich doch lieber den heutigen Tag.

Welche Furcht ist berechtigt?

Einen Tag vor der Klassenfahrt war Johanna ganz aufgeregt. Sie hatte gerade mit ihrer Mutter aufgeschrieben, welche Sachen sie mitnehmen sollte. Aber je länger Johanna an die Klassenfahrt dachte, desto stiller wurde sie.

Ihre Mutter wunderte sich und fragte: »Warum sagst du denn die ganze Zeit nichts? Freust du dich gar nicht auf die Klassenfahrt?«

»Doch schon«, sagte Johanna sehr leise, »aber irgendwie auch nicht. Natürlich freue ich mich darauf, dass ich die ganze Zeit mit meinen Freundinnen zusammen sein kann. Aber ich habe ein wenig Angst.«

»Angst? Aber wovor denn?«, wollte ihre Mutter wissen.

»Na ja, das weiß ich nicht so genau. Vielleicht werden uns ein paar Jungs ärgern, vielleicht kann ich in dem Zimmer nicht einschlafen, vielleicht spielen wir irgendwelche Spiele, bei denen ich mich ganz blöd anstelle, und alle lachen mich aus. Und ich weiß nicht, ob ich es so lange ohne euch aushalte. Wir fahren immerhin eine ganze Woche weg. Was, wenn ich abends weinen muss, weil du nicht bei mir bist? Und was, wenn mich die anderen aus meiner Klasse dabei erwischen? Dann werden sie mich erst recht auslachen.«

»Ich verspreche dir etwas«, sagte ihre Mutter. »Jetzt denkst du vielleicht, dass die Klassenfahrt schwierig oder schlimm für dich wird. Aber hinterher wirst du ganz bestimmt sagen, dass ihr oft lachen musstet, dass ihr viel Spaß hattet und dass die Klassenfahrt zu den schönsten Erlebnissen in deinem Leben zählen wird.«

»Meinst du wirklich?«, fragte Johanna.

Die Mutter nahm Johanna in den Arm und sagte: »Manchmal denken wir, dass uns etwas Schwieriges oder etwas Schlimmes bevorsteht. Aber wenn es so weit ist, ist es gar nicht so schlimm. So war es zum Beispiel, als du schwimmen gelernt hast. Du hast dich monatelang nicht ins Wasser getraut und sogar geweint, weil du nie ins große Becken springen wolltest. Und die Schwimmflügel wolltest du auch nie ausziehen. Aber heute schwimmst du so gerne und so schnell, dass ich dich kaum einholen kann.«

»Ja!«, lachte Johanna, »Schwimmen ist wirklich prima und macht mir viel Spaß.«

»Siehst du!«, heiterte ihre Mutter sie auf. »Und mit dem Fahrradfahren war es ganz ähnlich. Du hast dich wochenlang nicht getraut, dich aufs Fahrrad zu setzen, weil du dachtest, du könntest umfallen. Aber heute bist du die schnellste Fahrradfahrerin, die ich kenne, und düst wie ein Blitz durch die Straßen.

Manchmal haben wir Angst vor
dem, was vor uns liegt. Liegt
es aber erst einmal hinter uns,
stellen wir häufig fest, dass
die Angst überflüssig war.

Schon manch ein scheinbar unbezwingbarer Berg hat sich später als überschaubare Kleinigkeit erwiesen, die Spaß und Freude brachte.«

Und tatsächlich: Die Klassenfahrt war so lustig, dass Johanna noch heute gerne davon erzählt.

Ein frischer Blick auf die Welt

In der Schule gab es einen Lehrer, den Johanna ganz besonders mochte. Er gehörte zu den Menschen, die immer gut gelaunt und fröhlich sind.

Eines Tages fragte ihn Johanna: »Sie lachen jeden Tag so häufig, machen Witze, singen und sind zu jeder Zeit fröhlich. Wie machen Sie das?«

Der Lehrer antwortete: »Weißt du, das ist ganz einfach. Ich habe einen Sohn. Und ich erinnere mich jeden Tag daran, wie mein Sohn auf die Welt kam. Ich weiß noch genau, was ich gefühlt habe, als er geboren wurde. Am nächsten Morgen, also einen Tag nach der Geburt meines Sohnes, wurde mir eines klar: Eigentlich werden wir alle jeden Morgen neu geboren. Wir bekommen jeden Morgen einen neuen Tag geschenkt.

Ich stelle mir oft vor, dass meine Geburt erst wenige Stunden hinter mir liegt. Und dann tue ich so, als würde ich die ganze Welt mit großen, staunenden Augen betrachten. Man fühlt sich in so einem Moment prächtig! Wenn ich mir für eine oder zwei Minuten vorstelle, ich hätte diese

Welt noch nie gesehen, fange ich an, alles um mich herum zu genießen. Wenn ich spazieren gehe, sage ich mir ganz bewusst, dass ich jetzt aus vollem Herzen die zwitschernden Vögel, die blühenden Pflanzen und die prachtvollen Bäume genieße. Wenn ich mit dem Bus durch die Stadt fahre, beginne ich, über die Häuser in der Stadt zu staunen. Ich sage mir: ›Ist das nicht wundervoll? Dass Menschen in der Lage sind, so unterschiedliche Häuser zu bauen, in denen man so gemütlich wohnen kann, ist doch einfach überwältigend!‹

Wenn ich Kaffee trinke oder ein Brötchen esse, sage ich: Ist das nicht Wahnsinn?! Ich habe etwas zu essen und es schmeckt auch noch!‹

Wenn ich über die Welt staune, erlebe ich jeden Augenblick ganz intensiv.

Johanna machte ein Gesicht, als hätte sie in eine Zitrone gebissen. Sie fand das alles übertrieben. »Aber mal ehrlich«, sagte sie, »reden Sie sich da nicht etwas ein?«

»Überhaupt nicht«, sagte der Lehrer, »ich freue mich wirklich. Wenn ich bei Sonnenschein zur Bushaltestelle gehe, sage ich mir ganz bewusst: ›Angenommen, ich wäre gerade frisch auf die Welt gekommen, dann kann ich doch jetzt ein erstes Mal die wärmenden Sonnenstrahlen auf meiner Haut genießen. Danke, dass ich das erleben darf!‹

Wenn du morgens erwachst, ist es so, als wärest du

neu geboren. In gewisser Weise stimmt das auch. An diesem heutigen Tag, der einzigartig ist in der Ewigkeit und nie wiederkommt, an diesem wertvollen Tag erlebst du am Morgen deine Geburt.

Du wirst in diesen Tag hineingeboren. Was für ein Geschenk! Du lebst! Ein größeres Geschenk kann es doch nicht geben und du bekommst es jeden Tag. Ein ähnliches Gefühl habe ich, wenn ich mir vorstelle, dass ich heute Abend sterbe.«

»Wie ... wie meinen Sie denn das nun wieder?«, fragte Johanna verständnislos.

»So, wie ich es sage: Ich stelle mir vor, ich hätte nur noch den heutigen Tag zu leben. Natürlich weiß ich, dass ich noch viele Jahre zu leben habe. Aber ich denke kurz daran, wie es wäre, wenn ich wüsste, dass ich heute Abend diese Welt hier verlasse.

Weißt du, was ich dann machen würde?«, fragte der Lehrer.

»Nein«, zögerte Johanna zu sagen, »das ist doch ein furchtbarer Gedanke!«

»Im Gegenteil«, meinte der Lehrer. »Wenn ich wüsste, dass ich heute Abend diese Welt verlasse, würde ich diese Welt noch einmal mit voller Lebenskraft genießen!

Ich würde mich intensiv über den Regen freuen. Ich würde mich über die Sonne und den Wind freuen. Ich würde mit Genuss einen knackigen Apfel genießen. Ich würde mit Freude jeden Moment genießen, den ich mit lieben Menschen teilen darf. Das ist das Schönste! All das sind so wertvolle Momente! Aber die meisten Menschen übersehen sie.

Wenn ich wüsste, dass ich heute Abend sterbe, würde ich diese Welt und vor allem all die Kleinigkeiten wie fließendes Wasser, das Lächeln eines Menschen oder die Fähigkeit zu gehen, so richtig auskosten. Auf Schritt und Tritt würde ich sagen: ›Danke, dass ich das erleben darf!‹ Und das tue ich dann auch!

Weißt du, liebe Johanna, wie man sich an seinem letzten Urlaubstag fühlt, wenn die Koffer gepackt sind und im Hotel stehen und man noch vier Stunden Zeit hat, um die Insel, auf der man Urlaub macht, zu genießen?«

»Ja«, gab Johanna zu, »das Gefühl kenne ich. Man will dann noch einmal jeden Moment so richtig spüren. Man geht das letzte Mal in diesem Urlaub an den Strand. Man schaut sich noch einmal die Palmen und den Pool ganz genau an. Man schaut auf das Meer und versucht den Salzgeruch lebhaft in sich aufzusaugen, um ihn so mit nach Hause zu nehmen.«

»Ja«, stimmte der Lehrer zu, »und auf diese Weise lebe ich jeden Tag auf unserer Welt. Wie gesagt: Ich weiß natürlich, dass ich wahrscheinlich noch viele Jahre hier zubringen darf. Aber wenn ich kurz daran denke, wie es wäre, heute Abend diese Erde zu verlassen, nehme ich das Schöne intensiv wahr. Und wenn mich jemand anschnauzt oder mit mir schimpft, sage ich mir: ›Würde ich mich darüber aufregen, wenn ich nur noch wenige Stunden zu leben hätte? Natürlich nicht.‹

Wir sind auf dieser Welt, um sie zu erfahren und über sie zu staunen. Und wer staunt, bleibt jung. Ein Hoch auf den Menschen, der über die vielen Kleinigkeiten im Leben stauen kann. Denn er lebt das Leben! … Im Gegensatz zu anderen, die jeden Tag und damit ihr Leben einfach nur hinter sich bringen wollen.«

Eine verlässliche Kraftquelle

Johanna bewunderte ihre Großmutter sehr. Vor allem mochte sie an ihrer Großmutter die Fröhlichkeit. Johannas Oma war stets gut gelaunt, sang Lieder, erzählte Witze und war immer überaus freundlich zu anderen Menschen.

Als Johanna bei ihren Großeltern zu Besuch war, fragte sie: »Oma, wie schaffst du es, dass du dauernd so fröhlich und gut gelaunt bist? Du hattest es wahrscheinlich meistens einfach im Leben.«

»Oh nein«, sagte die Großmutter, »einfach war es nicht immer. Als ich ein kleines Kind war, war der Krieg gerade zu Ende. Wir hatten nur sehr wenig zu essen. Viele Häuser waren zerstört. Ich musste mit vier anderen Kindern in einem kleinen Zimmer schlafen. Kannst du dir das vorstellen?«

Johanna überlegte ein Weilchen und fragte noch einmal: »Aber warum bist du dann so gut gelaunt?«

»Oh, das ist ganz einfach, mein Schätzchen«, antwortete die Großmutter und lächelte. »Ich bin dankbar dafür, dass es mir so gut geht.«

Johanna schaute ein wenig grimmig, weil sie nicht wusste, was ihre Großmutter damit meinte.

»Komm, ich zeige dir etwas«, sagte die Großmutter und nahm Johanna an die Hand. Sie ging zu einem Schränkchen und holte einen Würfel heraus.

»Was ist das?«, fragte Johanna.

»Das ist mein Zauberwürfel«, antwortete die Großmutter.

»Das verstehe ich nicht, das ist doch ein ganz gewöhnlicher Würfel?!«

»Nicht, wenn man ihn so benutzt, wie ich es tue!«, erklärte die Großmutter. »Jeden Morgen vor dem Frühstück würfle ich eine Zahl. Jede Zahl steht für etwas, wofür ich dankbar sein kann. Wenn ich die Eins würfle, freue ich mich den ganzen Tag darüber, dass ich etwas zu essen habe. Als ich klein war, war das nicht immer so und auch heute noch gibt es auf der Welt so viele Menschen, die nicht genug zu essen haben. Ich schon und darüber freue ich mich dann wie ein kleines Kind. Ich pfeife vor Fröhlichkeit, singe, manchmal mache ich sogar ein kleines Freudentänzchen, weil ich so glücklich bin, dass ich jeden Tag eine warme Mahlzeit essen kann.

Wenn ich die Zwei würfle, freue ich mich über das Wasser, das aus dem Wasserhahn kommt, wenn ich es will, und mit dem ich mich waschen kann. Bei der Drei freue ich mich über meine Augen und darüber, dass ich sehen kann. Das ist doch ein großartiges Geschenk. Bei der Vier freue ich mich über meine Beine und darüber, dass ich laufen kann. Guck mal, wie viele Leute im Rollstuhl sind und nicht gehen können, da geht es mir doch prima. Bei der Fünf freue ich mich über alle Menschen in meiner Familie, zum Beispiel darüber, dass ich dich häufig treffen kann, und bei der Sechs freue ich mich darüber, dass ich so klug bin, dass ich jeden Tag etwas dazulernen kann.«

Johanna schaute wieder etwas überrascht und verwirrt: »Aber ... das sind doch alles ganz normale Sachen. Die hat doch jeder. Warum soll man sich darüber freuen?«

»Oh nein«, sagte die Großmutter schnell, »diese Dinge hat eben nicht jeder. Deshalb sind sie so wertvoll. Wir halten sie nur für selbstverständlich, aber sie sind es nicht.«

Johanna konnte dennoch nicht verstehen, wie man sich so sehr über ein warmes Essen, sauberes Wasser oder seine Beine freuen konnte, wo diese Dinge so selbstverständlich erschienen. Die Großmutter erkannte Johannas Zweifel und fragte: »Hast du dieses Jahr deinen Geburtstag gefeiert?«

»Ja klar«, sagte Johanna, »den feiere ich jedes Jahr. Und alle in meiner Klasse feiern jedes Jahr ihren Geburtstag.«

»Aber du wirst mir doch recht geben, liebe Johanna, dass jeder Mensch auf der Welt Geburtstag hat, oder?«

»Natürlich« stimmte Johanna zu, »klar hat jeder Mensch Geburtstag. Jeder ist irgendwann einmal auf die Welt gekommen.«

»Siehst du, der Geburtstag ist völlig selbstverständlich. Den hat jeder. Und trotzdem feiern ihn die Menschen! Und wenn andere Menschen etwas so Normales, etwas so Selbstverständliches wie den Geburtstag feiern können, kann ich auch meine Mahlzeiten und mein sauberes Wasser feiern und mich darüber freuen, dass ich laufen kann, dass ich sehen kann, dass ich etwas dazulernen kann oder dass ich sprechen kann.

Je mehr der Mensch über die vielen kleinen Reichtümer in seinem Leben staunen kann, desto dankbarer ist er. Und je dankbarer der Mensch ist, desto reicher fühlt er sich.

Dadurch, dass sich ein Mensch reich fühlt und er durchdrungen ist vom Gefühl des Überflusses, wird er auf erstaunliche Weise mehr und mehr Anlässe finden, sich reich zu fühlen.«

Schon am nächsten Tag kramte Johanna in ihren Schränken und fand dort einen Würfel. Sofort schrieb sie sechs Dinge auf, für die sie dankbar sein konnte. Und sie freute sich so sehr auf den nächsten Morgen, dass sie es kaum erwarten konnte, ihren Zauberwürfel über ihren Tisch kullern zu lassen.

Fokus auf unseren Reichtum

An einem Nachmittag war Johanna gemeinsam mit ihrer Mutter bei ihrer Nachbarin zu Besuch. Johanna hatte nur wenig Lust dazu, für mehrere Stunden in der Wohnung ihrer Nachbarin zu sitzen. Aber sie ließ sich von ihrer Mutter überreden, zum Kaffeekränzchen mitzukommen, weil es – so sagte es ihre Mutter – die Höflichkeit vorschrieb.

Es gab einen Grund, warum Johanna nicht gerne bei ihrer Nachbarin war: Diese Frau konnte von morgens bis abends schimpfen. Sie regte sich über alles und jeden auf und fand immer einen Anlass, um sich zu ärgern. Die Nachbarin war rund um die Uhr schlecht gelaunt.

Als Johanna und ihre Mutter klingelten, öffnete die Nachbarin die Tür und begrüßte Johanna mit den Worten: »Mein Kind, du siehst schlecht aus! Du wirst wahrscheinlich Fieber bekommen. Das kommt davon, dass du so selten draußen an der frischen Luft bist. Na, dann kommt mal herein.«

Während die Nachbarin voranging, verdrehte Johanna die Augen, worauf ihre Mutter ihre Schulter streichelte und leise flüsterte: »Ganz ruhig, Johanna, nur heute Nachmittag.«

Als Johanna mit ihrer Mutter und der Nachbarin bei Tisch saß und Kuchen aß, hörte sie gar nicht zu, worüber die Erwachsenen redeten. Plötzlich aber wurde Johanna hellwach, weil es an der Tür klingelte. Die Nachbarin stand auf und ging zur Tür, man hörte die Stimme eines Mannes, die Tür fiel wieder zu und die Nachbarin kam mit einem großen Korb voller Äpfel ins Wohnzimmer zurück.

»Ist das nicht freundlich? Ein Bekannter hat mir Äpfel aus seinem Garten mitgebracht. Er hat sie gepflückt und extra für mich gesammelt«, freute sich die Nachbarin. Als sie aber einen Apfel nach dem anderen aus dem Korb auf einen Teller legte, hörte sie auf zu strahlen. Sie schaute grimmig. Dann blickte sie Johanna und ihre Mutter schlecht gelaunt an und begann zu schimpfen:

»Nun seht euch das an! Diese beiden Äpfel sind faul. Die kann ich doch nicht mehr essen! Was fällt meinem Bekannten eigentlich ein, mir verfaulte Äpfel zu schenken?! Dieser ungezogene Hammel!«

»Aber es sind ja nur zwei Äpfel schlecht, die anderen Äpfel sind doch gut«, wollte Johannas Mutter die Nachbarin beruhigen. Aber die wollte sich gar nicht einkriegen.

»Ach, papperlapapp, schau dir das an, verfaulte Äpfel schenkt man keinem Menschen. Nicht mal seinem ärgsten Feind«, nörgelte die Nachbarin, die für die vielen anderen saftigen, frischen Äpfel gar keine Augen mehr hatte.

Einige Tage später ging Johanna durchs Treppenhaus und hörte, wie die schimpfende Nachbarin einer anderen

Bewohnerin des Hauses ihr Leid klagte: »Also wissen Sie, da hat mir doch vor ein paar Tagen mein Bekannter verfaulte Äpfel vorbeigebracht. Wie kann ein Mensch sich so etwas nur erlauben?! Die Äpfel haben sogar ein wenig gestunken. Also da finde ich keine Worte mehr.« Während die Nachbarin sich derart beschwerte, dachte Johanna an die vielen anderen guten Äpfel, die sich ihre Nachbarin wahrscheinlich jeden Tag genüsslich schmecken ließ.

Noch am selben Abend fragte Johanna ihre Mutter: »Warum regt sich die Frau so auf? Wie kann sie denn über zwei faule Äpfel so lange schimpfen? Wenn sie so weitermacht, wird sie noch in einem Jahr davon erzählen!«

»In gewisser Weise tut die Frau das, was viele Menschen machen«, gab die Mutter zur Antwort, was Johanna allerdings nicht ganz verstand. Ihre Mutter wurde ausführlicher.

»Die meisten Menschen bekommen in ihrem Leben einen Korb voller Früchte geschenkt. Und die meisten Menschen handeln sich auf diese Weise auch hier und da mal faules Obst ein. Das gehört dazu. Viele Leute stellen diese zwei oder drei verdorbenen Früchte, die ihnen das Leben brachte, auf einen Sockel und beobachten sie zähneknirschend von allen Seiten. Sie laufen voller Wut und mit den Füßen stampfend um das faule Obst herum und zischen die Früchte wild an. Auch ihre Gedanken kreisen nur noch um das schlecht gewordene Obst. Danach erzählen sie jedem, der ihnen über den Weg läuft, von ihrem Unglück.

Dabei müssten diese Menschen ihren Blick nur wenig zur Seite schweifen lassen, um den großen Haufen frischer

Früchte zu sehen. Das Leben hat ihnen nicht nur verdorbenes Essen, sondern jede Menge saftiger und stärkender Nahrung eingehandelt. Aber sie haben verlernt, ihre Reichtümer wertzuschätzen.

Die guten Früchte betrachten sie als selbstverständlich. Und was selbstverständlich erscheint, beachtet der Mensch nicht mehr. Sie sind gedanklich so sehr mit ihren beiden faulen Äpfeln beschäftigt, dass sie die vielen anderen knackigen und farbigen Früchte völlig vergessen und auch diese noch schlecht werden lassen. Das ist ein Kreislauf.

Du siehst, liebe Johanna: Schimpfe nicht lange über die faulen und schlechten Dinge, die in dein Leben treten mögen. Wenn sich gelegentlich einmal etwas Verdorbenes in dein Leben schleicht, so musst du dir deshalb dein Leben nicht verderben lassen. Achte vielmehr bewusst auf den riesigen Berg voller frischer Geschenke, die das Leben jeden Tag für dich bereithält. Das kann das Lächeln eines anderen Menschen, die saubere Luft zum Atmen, das frische, saubere Wasser oder auch ein saftiger Apfel sein.

Meist ist nur wenig nicht so, wie du es haben willst. Der Rest deines Lebens besteht aus Reichtum. Was davon du mehr beachtest, ist deine Wahl.

Eine Rose gegen Mobbing

Von Zeit zu Zeit wurde Johanna ein Ärgernis bewusst, das sie immer wieder grübeln ließ und sie gleichsam gelähmt hielt. Sie wollte Abhilfe schaffen, wusste sich aber keinen Rat. In der Schule und im Sportverein wurde sie öfters gehänselt. Meist waren es ältere Jungs, die ihr fiese Sprüche oder blöde Bemerkungen an den Kopf warfen. Von diesen Worten fühlte sich Johanna gekränkt und suchte nun Hilfe bei einem älteren Jungen im Sportverein, dem sie vertraute.

»Wenn du dich nicht wehrst, werden sie dir immer wieder Stiche versetzen«, stellte der Sportskamerad fest, nachdem er Johannas Klagen angehört hatte. Mit einem strahlenden Auftreten und einer kraftvollen Stimme fügte der Junge hinzu: »Es ist aber gar nicht so schwer, sich zu verteidigen.«

»Was soll ich tun?«, warf Johanna ein, die ein gewisses Staunen dem Jungen gegenüber nicht verheimlichen konnte.

»Wenn ein Draufgänger dich angreift und ruft ›Schaut her, da kommt wieder das Püppchen‹, streckst du dein Kinn vor, formst deine Augen zu Schlitzen und entgegnest: ›Netter Versuch. Probiere es mal bei deinem Onkel.‹

Kommt ein Prahlhans dahergelaufen und macht sich über dich lustig mit den Worten ›Hast du deine Kleider aus dem Container?‹, fragst du zurück: ›Hast du schon immer so eine Quietschestimme gehabt oder muss man die trainieren?‹

Wirst du von einer Mitschülerin attackiert mit den Worten: ›Du kommst nicht zu meinem Geburtstag. Ich lade nur schlaue Leute ein‹, dann lächelst du, schüttelst den Kopf und sagst: ›Ich finde es wunderbar, wie sich deine Haare kräuseln, wenn du redest. Ist das bei dir angeboren?‹

Hält dir in der Sportstunde jemand mit fiesem Lachen vor, du seist nicht gut im Fußball, fängst du einfach an, zu deinem Angreifer zu reden wie mit einem Hund. Du schaust ihn lieb an und sagst ›Ja, fein, mein Kleiner, fein, mein Kleiner, versuchst du, dich aufzuspielen? Na komm, probiere es noch mal. Ja, fein!‹

Kommt es wieder einmal vor, dass unser Sporttrainer dich anbrüllt und dich kränkt, stellst du dir einfach vor, du wärst eine Regisseurin, und gibst diese Worte von dir: ›Das war schon ganz gut! Probiere jetzt noch, mit der Stimme höher zu gehen und den Kopf etwas zu neigen. Dann ist der Wutausbruch glaubhaft. Aber sonst ist das schon spitze!‹

Macht ein Lehrer vor der ganzen Kasse eine blöde Bemerkung auf deine Kosten, schaust du ihn genüsslich an und erwiderst: ›Ich könnte stundenlang dabei zuhören, wie Sie versuchen, einen klaren Gedanken zu fassen.‹ Das nennt man vergiftetes Lob.

Ist eine Nachbarin ungerecht zu dir und tadelt dich ohne Grund, stellst du dir vor, du wärest eine Königin und entgegnest: ›Gestatten Eure Exzellenz, dass ich mich zurückziehe, um mich zu schämen?‹

Wenn eine Tante auf einer Familienfeier dir vorhält, du seist faul, teilst du ihr liebevoll und lächelnd mit: ›Tante, du bist wirklich niedlich! Ja, ich finde dich wirklich putzig. Sehr putzig, sehr süß.‹

Und wenn du in den Ferien im Café bedienst und eine Kollegin dir wegen irgendeines Umstandes Vorhaltungen macht, schüttelst du den Kopf, lächelst und rufst: ›Also, wenn wir Sie nicht hätten. Tacitus wäre stolz auf Sie!‹

Dir fallen aber sicher noch pfiffigere Antworten ein«, schloss der Junge seine Rede.

»Aber«, wandte Johanna ein, »darf ich denn freche Antworten geben?«.

»Johanna«, antwortete der Junge im selbstbewussten Tonfall, »du solltest sein wie eine Rose.

Eine Rose ist zart, schön und freundlich. Aber sie hat auch Dornen und kann stechen, wenn man sie falsch anfasst.

Auch du kannst liebevoll und zärtlich sein. Doch solltest du auch stechen können, wenn man dich respektlos behandelt.«

Der Blick des Komikers

Der Zirkus, den Johanna so sehr mochte, machte einmal im Jahr in ihrer Stadt Station. Ihr Lieblingskünstler war der Clown, den sie schon mehrmals gesehen und mit dem sie sich sogar schon einige Male unterhalten hatte, weil der Zirkus auf ihrem Weg zur Schule lag.

»Dein Auftritt gestern hat mir sehr gut gefallen«, lobte sie den Clown, der gerade auf einer Wiese saß und Pause machte.

»Danke sehr. Es ist lieb, dass du das sagst! Du bist ein sehr mutiger und starker Mensch.«

»Wie kommst du darauf?«, fragte Johanna verwundert. »Ich soll stark und mutig sein?«

»Aber natürlich bist du das«, antwortete der Clown mit entschlossener Miene, »und weißt du auch, warum ich das weiß?«

»Nein«, brachte Johanna zaghaft hervor.

»Na ja, es ist doch ganz einfach. Du hast mich doch gerade gelobt! Du bist zu mir gekommen und hast mir gesagt, dass dir mein Auftritt gefallen hat. Wer einen anderen Menschen lobt und ihm ein Kompliment macht, braucht eine Menge Mut und muss sich sicher fühlen. Weißt du, ein schwacher, ängstlicher Mensch macht niemandem Komplimente. Er hat nämlich Angst davor, dass es anderen besser geht und dass er selbst etwas verliert, wenn er andere Menschen lobt. Zum Loben muss man stark sein. Deshalb weiß ich, dass du ein mutiges, starkes Mädchen bist«, meinte der Clown.

»Ach, wenn du nur wüsstest«, entgegnete Johanna. »Mutig bin ich vielleicht, aber ich hätte gerne jeden Tag so gute Laune wie du. Das gelingt mir nicht immer. In der Schule und zu Hause läuft es oft nicht so, wie ich es mir wünsche. Ich nehme mir viel vor, ich habe viele Hoffnungen und Wünsche, aber nicht jede Hoffnung wird erfüllt und nicht jeder Wunsch wird Wirklichkeit. Manchmal passiert sogar gerade das, wovor ich die größte Angst hatte. Mal vergesse ich, für die Schule eine bestimmte Hausaufgabe zu machen, und der Lehrer ist sauer. Mal streite ich mich mit meinem Bruder und mal werfe ich aus Versehen beim Frühstück die Milchkanne um und muss den Tisch putzen. Oder ich rutsche aus, falle in eine Regenpfütze und laufe den ganzen Tag mit einem Fleck auf der Hose herum. Wie kann ich denn da gute Laune haben?«

Der Clown hatte genau zugehört und antwortete:

»Mit Freude zu leben, bedeutet nicht, darauf zu hoffen, dass einem nur Gutes widerfährt. Es bedeutet, nicht auf Ergebnisse zu schielen. Dann können dir Missgeschicke, Pannen und die eigenen Schwächen nichts anhaben und du kannst über sie lachen.«

»Aber wie kann ich über meine Pannen lachen?«, fragte Johanna.

»Dein Leben hängt davon ab, wie du es betrachtest«, riet der Clown. »Von deinem Blick auf den Tag hängt ab, ob es ein guter oder ein schlechter Tag wird. Du entscheidest in jeder Sekunde, ob du etwas gut oder schlecht findest.

Wie du etwas siehst, liebe Johanna, haben dir andere Menschen beigebracht. Du hast als kleines Kind von den Großen eine Angewohnheit übernommen. Es ist die Angewohnheit, Erfolge zu würdigen, Siege als etwas Schönes anzusehen und es zu mögen, wenn etwas gut läuft. Du hast dir als kleines Kind von den Großen abgeschaut, deine Missgeschicke zu verurteilen. Du hast von ihnen gelernt, dass man sich über die eigenen Fehler und die Fehler der anderen fürchterlich aufregen muss. Andere Menschen haben dir vorgeschrieben, was du gut und was du schlecht finden sollst.«

Und als Johanna noch über die Worte des Clowns nachdachte, erzählte er weiter.

»Wäre es jetzt nicht an der Zeit, seinen eigenen Verstand zu benutzen – so wie es viele Erwachsene vorgeben zu tun? Was wäre, wenn du in deinem Leben ein eigenes Bewertungsmuster hättest? Was wäre, wenn nicht andere für dich entscheiden, was du mögen sollst, worüber du dich aufzuregen hast und wovor du Angst haben musst. Was wäre, wenn nur du allein entscheiden könntest, ob du etwas schlimm findest, oder ob du es mit Leichtigkeit hinnimmst und darüber lachst – auch wenn andere Menschen das nicht können?

Andere Menschen haben dich dazu angeleitet, es schlecht zu finden und dich selbst dafür zu verurteilen, wenn du die Milchkanne beim Frühstück umwirfst. Sie haben dich dazu angeleitet, dass man sich darüber aufregen soll, wenn nicht alle Pläne des Tages aufgehen und auch mal etwas schiefläuft.«

»Du meinst, ich kann gute Laune gewinnen und mich freuen, wenn ich selbst entscheide, ob ich etwas gut oder schlecht finde?«

»Natürlich«, meinte der Clown, »du kannst zum Beispiel dein Leben mit den Augen eines Komikers sehen. Dann kannst du über dich selbst lachen und freust dich so sehr auf das nächste Missgeschick, dass du beinahe die Geduld verlierst und es gar nicht mehr abwarten kannst, bis eine Kleinigkeit danebengeht.«

Der Clown erhob sich, um wieder zum Zirkuszelt zu gehen, blieb aber noch einen Moment bei Johanna stehen und sagte:

»Dass mein Leben exakt so verläuft, wie ich es mir wünsche, vermag ich nicht vollends zu beeinflussen. Es liegt jedoch unter meiner vollen Kontrolle, alles mit dem humorerfüllten Blick eines Komikers zu sehen.«

Wen laden wir nach Hause ein?

Johanna war ziemlich geknickt, als sie nach Hause kam. Mit einem schlecht gelaunten Gesichtsausdruck ließ sie ihren Ranzen auf den Boden fallen, warf ihre Jacke daneben und trottete mürrisch ins Wohnzimmer.

Ihr älterer Bruder Leon kam ihr entgegen und fragte: »Du siehst so traurig aus. Was ist denn passiert?«

»Ach«, meinte Johanna mürrisch, »dieser blöde Hund! Ein Junge in meiner Klasse hat heute einen Witz über mich gemacht und die anderen Jungs haben gelacht.«

»Haben sie dir sonst etwas angetan?«, wollte Leon wissen.

»Nein«, antwortete Johanna, »danach waren sie ganz friedlich. Sie haben mich nicht mehr geärgert. Aber ich muss ständig an diese Szene denken, daran, dass der eine Junge in meiner Klasse einen Witz über mich gemacht hat.«

Leon stellte Johanna daraufhin eine gemeine Frage: »Würdest du diesen Kerl zum Geburtstag einladen?«

»Nein!«, rief Johanna entsetzt. »Um Himmels willen, niemals! Der hat bei mir zu Hause nichts verloren!«

»Und wieso lädst du ihn dann zu dir nach Hause ein?«

»Aber das tue ich doch gar nicht«, verteidigte sich Johanna.

»Doch«, meinte Leon, »genau das tust du. Du hast diesen Kerl zu dir nach Hause eingeladen. Zwar nicht in echt, aber gedanklich. Gedanklich hast du diesen fiesen Knopf den ganzen Schulweg mit nach Hause geschleppt, in unseren Flur, in unser Wohnzimmer, und wenn du nicht aufhörst, an ihn zu denken, dann schleppst du ihn auch noch mit ins Badezimmer und zu dir in dein Zimmer. Willst du das?«

»Nein, natürlich nicht«, grübelte Johanna, »aber was meinst du damit?«

Leon fuhr fort: »Jeder von uns trifft im Leben manchmal Menschen, die er nicht mag, die ihm nicht passen, die komisch oder gemein sind. Das ist nicht nur in der Schule so. Bei den Erwachsenen ist es nicht anders. Du hörst doch, wie sich Mami manchmal über ihre Kolleginnen und Kollegen beschwert. Und wenn wir zu Hause an Leute denken, die wir nicht mögen, und uns stundenlang über sie aufregen, ist es so, als würden wir diese Leute zu uns einladen, sie durch die ganze Wohnung tragen und sie in jedes Zimmer mitnehmen. Wir fühlen uns dabei schlecht und die Leute, die uns aufregen, wissen gar nichts davon und haben uns schon längst vergessen.

Wenn es dir hilft, dann stelle dir an unserer Wohnungstür die Person vor, die du nicht leiden kannst. Dann sagst du zu diesem Menschen gedanklich: ›Du musst draußen bleiben!‹ Und dann machst du ganz bewusst die Tür zu. Genieße es, die Tür in den Rahmen zu drücken.«

Lade keine Menschen zu dir nach Hause ein, die du nicht magst und die dich aufregen. Nicht einmal in Gedanken.

Umgang mit bösen Jungs

Für Johanna waren die Schultage manchmal schwierig. Sie ging gerne in die Schule, weil sie dort viele Freundinnen und Freunde hatte und in einigen Fächern sehr gut war. Aber an manchen Tagen wäre Johanna am liebsten aus der Schule weggerannt. Dort gab es nämlich einige Jungs aus einer anderen Klasse, die Spaß daran hatten, sie zu ärgern. Sie machten sich über Johanna lustig, äfften sie nach und hänselten sie.

Als Johanna ihrem Vater davon erzählte, nahm er seine Tochter an die Hand und führte sie zum Fenster. Draußen schien die Sonne und am Himmel war fast kein Wölkchen zu sehen.

»Siehst du diesen herrlichen Sonnenschein?«, fragte der Vater.

»Ja, aber warum zeigst du mir jetzt die Sonne? Das hat doch mit den bösen Jungs nichts zu tun, die dauernd Witze über mich machen.«

»Doch, es hat schon ein wenig mit ihnen zu tun. Du kannst dich doch noch daran erinnern, dass vor zwei Tagen ein starkes Gewitter durch unsere Stadt gezogen ist.«

»Und ob«, sagte Johanna, »der Regen peitschte so heftig gegen unsere Fenster, dass ich dachte, die Scheiben würden kaputtgehen.«

»Na also«, meinte der Vater, »vor zwei Tagen war es noch stürmisch, regnerisch und windig. Und heute strahlt die Sonne am Himmel, sodass wir sogar unsere Freunde einladen könnten. Merk dir, Johanna, kein Sturm dauert ewig. Jedes Unwetter geht einmal vorbei. Die Natur hat noch kein Gewitter hervorgebracht, das kein Ende hatte. Irgendwann wurde auch der stärkste Sturm einmal vom Sonnenschein abgelöst. Und dasselbe gilt für die verrückten Typen in deiner Schule. Ich verspreche dir, dass die Hänseleien eines Tages ein Ende haben werden, solange du solche Dummköpfe links liegen lässt und den Fokus setzt.«

»Was heißt das denn, den Fokus setzen?«

»Das bedeutet, dass du eine Lieblingstätigkeit findest, eine Sache, in der du aufgehst und die dich zum Erfolg führt. Einer Mitschülerin aus meiner Klasse ging es nämlich ähnlich wie dir jetzt.«

»Wurde sie auch von anderen geärgert?«, wollte Johanna wissen.

»Ja, es gab Jungs, die ständig Späße auf ihre Kosten gemacht haben. Aber da hatten sie die Rechnung ohne die Schülerin gemacht. Die war nämlich damals schon sehr geschickt. Sie wollte unbedingt Professorin werden. Als sie das einmal in der Klasse erzählte, haben sie alle Jungs und Mädchen ausgelacht. Aber ihr war es egal. Sie war so begeistert von ihrem Lieblingsfach, dass sie an den Nachmittagen nach der Schule stundenlang Bücher über ihr Thema las. Und wenn sie auch in der Schule gehänselt wurde – am Nachmittag steckte sie ihre Nase in Bücher und wurde jeden Tag schlauer auf ihrem Gebiet. Manchen von uns kam das komisch vor – ihr aber war egal, was wir von ihr dachten. Sie lernte jeden Nachmittag etwas Neues über ihr Lieblingsfach. Sie konnte gar nicht darüber nachdenken, ob jemand Witze über sie machte, denn sie war mit ihren Gedanken so sehr damit beschäftigt, eines Tages Forscherin zu werden. Wenn wir fragten, was sie als Erwachsene nach der Schule einmal machen wolle, antwortete sie blitzschnell und ohne zu überlegen: ›Ich werde Wissenschaftlerin.‹ Eigentlich war sie damals schon eine.

Um es kurz zu machen: Heute ist sie eine bekannte Forscherin und ihr Name taucht häufig in Zeitungen auf. Sie verdient viel Geld. Sie wird dafür bezahlt, dass sie das tut, was ihr besonders großen Spaß macht.«

»Und was ist mit den Jungs, die sie früher mal gehänselt haben?«, fragte Johanna neugierig.

Der Vater überlegte kurz und sagte: »Viele von ihnen sind heute arme Würstchen, die die bekannte Forscherin bewundern oder neidisch auf sie sind. Bei einem Klassentreffen haben sie traurig erzählt, dass sie unzufrieden sind und nicht viel mit sich anzufangen wissen. Aber die kleine Schülerin von damals, sie so häufig gehänselt wurde, ist heute eine beliebte und angesehene Professorin, die den ganzen Tag lang das tut, was ihr Freude macht, und dabei voll in ihrem Element ist.«

»Soll ich also auch Professorin werden?«, fragte Johanna.

»Aber nein, das musst du natürlich nicht, wenn du das nicht möchtest. Meine Mitschülerin ist nicht deshalb Wissenschaftlerin geworden, um sich an den bösen Jungs zu rächen. Das hätte nicht funktioniert. Sie hat die Arbeit getan, die ihr Freude gemacht und bei der sie völlig die Zeit vergessen hat. Außerdem hat sie sich damals schon oft vorgestellt, wie es wohl werden würde, wenn sie eines Tages als Forscherin arbeiten würde. Sie hat sich ausgemalt, wie sich ihre Arbeit anfühlen würde und wie ihre Ergebnisse anderen nützen würden.

Die Kraft der Natur hat dir eine Fähigkeit geschenkt, die du finden und ausleben kannst. Dein Gefühl verrät dir in jeder Sekunde, ob dir bei einer Aufgabe wohl ist oder nicht. Wenn du eine Aufgabe liebst, kannst du sie zu deiner Lebensaufgabe machen.

Wenn du eine Lebensaufgabe gefunden hast, in der du voll aufgehst, kommen dir Nörgler oder hänselnde Jungs wie Stubenfliegen vor. Sie fallen von dir ab, sobald du voranschreitest und einen neuen Raum betrittst.

Wenn ein riesiges Schiff aus einem Hafen ausläuft, wird es oft von Möwen begleitet. Aber hält das Schiff etwa an und sagt: ›Die Möwen sind so lästig, dass ich mich geschlagen gebe und meine Reise abbreche?‹ Das würde das Schiff niemals tun. Es lässt sich von den kleinen Möwen nicht beirren und hält ruhig, unbeirrt und gelassen Kurs. So solltest du es auch machen. Menschen, die dich hänseln, sind wie kleine Möwen, die nicht die Kraft haben, deine lange Reise mitzumachen. Sie können mit dir nicht Schritt halten. Liebe deine Reise jeden Tag mehr. Dann wirst du Störenfriede gar nicht mehr wahrnehmen.«

Talent und Disziplin

Johanna lernte in der Schule seit mehreren Jahren Französisch. Aber sie strengte sich nicht besonders an und machte nur das Nötigste. Der Lehrer nahm sie eines Tages zur Seite und sagte:

»Johanna, du solltest fleißiger sein und mehr üben.«

»Warum denn?«, fragte Johanna. »Meine Noten in Französisch sind doch in Ordnung.«

»Aber du kannst viel mehr!«, sagte der Lehrer. Als Johanna ihn fragend anschaute, wurde er genauer.

»Du hast eine schöne Aussprache. Du schreibst wunderbare Sätze und kannst in der Sprache anregend erzählen. Aber du könntest viel besser sein als heute, weil du Talent hast.«

»Und wozu soll das gut sein?«, wollte Johanna wissen. »Noch mehr lernen – das ist doch anstrengend?!«

»Es ist vielleicht jetzt anstrengend. Aber wenn du regelmäßig übst, sprichst du irgendwann einmal fließend Französisch. Dann kannst du später in Frankreich arbeiten. Das eröffnet dir viele Möglichkeiten. Du kannst Übersetzerin werden. Oder du kannst Französischlehrerin werden.

Es wäre jedenfalls schade, wenn du dein Talent verkümmern lässt.«

Als Johanna immer noch etwas ratlos schaute, sagte der Lehrer: »Komm mit, ich zeige dir etwas!«

Und er nahm Johanna mit ins Lehrerzimmer. Auf einem Teller lag frisches Obst: saftig-gelbe Bananen, knackige Äpfel und leckere Birnen.

»Was würde passieren«, fragte der Lehrer, »wenn wir alle dieses Obst hier zwei Monate stehen lassen würden?«

»Das Obst würde schlecht werden und es wäre ungenießbar«, meinte Johanna.

»Eben«, meinte der Lehrer, »deshalb sollten wir alle das Obst rasch aufessen. Jetzt, wo es noch gut ist!«

»Wollen Sie mit mir wirklich über Obst sprechen?«

Der Lehrer schüttelte ruhig den Kopf und begann mit seiner Erklärung. »Weißt du, jeder Mensch kann irgendetwas ganz besonders gut. Jeder Mensch hat Begabungen und große Fähigkeiten. Ich kann gar nicht aufhören, mich darüber zu freuen! Das ist wahrscheinlich die schönste Nachricht für uns alle auf der Welt. Wir alle haben Talent! Das bedeutet, dass jeder Mensch erfolgreich sein kann – jeder in seinem Bereich. Leider haben manche Menschen Sätze zu hören bekommen wie: ›Die anderen ja, aber du kannst das nicht!‹, ›Du bist ein Tollpatsch!‹, oder: ›Du bist ein Nichtsnutz!‹ Vielleicht hat dich auch schon einmal jemand angeschrien mit den Worten: ›Was kannst du eigentlich?! Dir gelingt auch gar nichts!‹ Aber das ist falsch! Glaube es nie!

Oft reiten die anderen auf unseren Schwächen herum und machen uns Vorwürfe, weil wir dieses oder jenes nicht gepackt haben. Aber kein Mensch muss alles können. Wir müssen stets daran denken: Jeder Mensch hat Begabungen, mit denen er andere Menschen bereichern kann. Der eine ist ein guter Arzt und heilt die Menschen. Der andere ist ein sehr guter Friseur und beschenkt die Menschen mit einem schönen Haarschnitt. Der eine ist vielleicht ein guter Verkäufer, der gut reden und seine Kunden liebevoll beraten kann, oder jemand hat ein Händchen für Technik und wird Erfinder. Gemeinsam haben sie alle, dass sie ihr Talent genutzt haben. Lass dich niemals von einem Menschen daran hindern, dein Talent zu entfalten.

*Wer nicht regelmäßig übt
und sein Talent wegwirft,
der handelt, als würde
er frisches Obst kaufen
und verfaulen lassen.*

Es ist eine beglückende Erkenntnis, dass jeder Mensch zum Experten werden kann, wenn er jeden Tag eine Stunde in einem Fachbuch liest. Jeder Mensch hat die Gabe, zu einem Könner zu werden. Die tägliche Übung formt den Menschen zum Überflieger.«

Kreativ mit Fieslingen umgehen

Ab und zu besuchten Johanna, ihr Bruder Leon und die Eltern eine andere Familie. In dieser Familie gab es eine Tochter, die so alt war wie Johanna, und einen Sohn, der so alt war wie Leon. Die Eltern sagten immer: »Es ist doch schön, wenn sich die Kinder mal wiedersehen. Sie können prima miteinander spielen oder Musik hören und freuen sich bestimmt riesig!« Aber das war nicht so.

Johanna konnte das Mädchen nicht leiden. Diese junge Dame war mit nichts zufrieden. Sie wollte zum Beispiel dauernd Süßigkeiten haben und beim Mensch-ärger-dich-nicht unbedingt gewinnen. Und wenn sie einmal keine Süßigkeiten bekam und nicht gewinnen konnte, fing sie an zu weinen und zu schreien, sie stampfte mit ihren Füßen auf den Boden und verschränkte die Arme. Dieses Mädchen ging Johanna fürchterlich auf die Nerven. Und mit diesem Schreihals musste Johanna nun wieder einen ganzen Nachmittag verbringen! Schon Tage vor dem nächsten geplanten Besuch bei dieser Familie hatte Johanna Angst davor, war übler Laune und musste sogar ein wenig schluchzen.

»Ich will da nicht hinfahren. Die Kleine in dieser Familie ist schrecklich. Sie motzt ständig herum. Mit ihr kann ich es nicht aushalten!«

Am Vorabend des Besuchs lag Johanna in ihrem Bett und konnte lange nicht einschlafen. Sie wälzte sich von einer Seite auf die andere und konnte an nichts anderes denken als an das unausstehliche Mädchen, das sie besuchen musste. Irgendwann schlief sie aber doch ein und hatte einen merkwürdigen Traum.

Ein Hase saß auf einer Wiese. Er schnupperte mal hier und mal dort und war vollkommen friedlich. Plötzlich erblickte der Hase eine Schlange direkt vor sich. Die Schlange blickte den Hasen bedrohlich an und zeigte immer wieder ihre Zunge. Aber der Hase hatte keine Angst vor der Schlange. Besonders seltsam war, dass Johanna dem Hasen beim Denken zuhören konnte.

»Diese Schlange ist nicht böse, sie hat einen guten Kern«, dachte der Hase »In Gedanken kann ich sie streicheln. Ich schenke ihr all meinen Frieden.«

Johanna konnte im Traum sehen, wie der Hase der Schlange milde zulächelte. Und noch etwas war merkwürdig. Der Hase strahlte wie die Sonne. Helle, warme Strahlen gingen vom Hasen auf die Schlange über und hüllten die Schlange ein in angenehmes, warmes Licht. Dann geschah etwas Sonderbares. Die Schlange senkte ihren Kopf, zog sich zurück und ließ den Hasen in Ruhe. Der Hase hoppelte friedlich weiter über die Wiese.

Plötzlich merkte Johanna, wie sie selbst über die Wiese ging. Aber sie war nicht allein. Das unausstehliche Mädchen war ebenfalls da. Es wollte gerade anfangen zu nörgeln und zu meckern und Johanna wollte sich darüber aufregen, da kam der kleine, weiße Hase zu Johanna gehoppelt und sagte:

»Ich weiß, dass sie dir auf die Nerven geht. Aber stell dir einmal vor, ihr Gesicht wäre unsichtbar. Stell dir außerdem vor, ihr Körper wäre unsichtbar. Stell dir vor, ihre Worte könnte man nicht hören. Und das Einzige, was du von diesem Mädchen sehen könntest, wäre das Herz. Und jetzt, liebe Johanna, nimmst du ihr Herz, streichelst es und sagst: ›Ich wünsche dir alles Gute dieser Welt. Du kannst nichts dafür, dass deine Besitzerin so ist, wie sie ist.‹

Und der Hase erklärte: »Du musst das andere Mädchen nicht mögen, Johanna.

Du musst die Worte der Kleinen nicht mögen.

Du musst auch nicht mögen, was sie tut.

Aber wenn du dir vorstellst, dass du nur ihr Herz siehst und dem Herzen deine Liebe schenkst, hast du dich aus dem Käfig der Wut befreit.«

Wenn du dich über einen Menschen aufregst, dann mach ihn gedanklich unsichtbar und schätze nur sein Herz. Dann bist du von Ärger und Groll erlöst und fühlst dich ganz leicht.

»Ein komischer Traum«, dachte Johanna am nächsten Morgen. Aber sie fühlte sich leicht wie eine Feder und dachte über das Mädchen nach, das sie besuchen sollte. »Na ja, für einen Nachmittag wird es schon irgendwie gehen«, sagte sie sich. Wann immer sie an die Nervensäge denken musste und sich über sie aufregte, verkroch sich Johanna in eine Ecke und befolgte den Rat, den sie in ihrem Traum erhalten hatte.

Sie stellte sich mit geschlossenen Augen vor, das nervende Mädchen wäre unsichtbar. Sie stellte sich vor, sie würde nur das Herz des anderen Mädchens sehen können. Dieses Herz nahm Johanna zärtlich in ihre Hände und sagte zu ihm: »Ich wünsche dir alles Gute dieser Welt. Du kannst nichts dafür, dass deine Besitzerin so ist, wie sie ist.« Und das wiederholte Johanna zehnmal.

Dann geschah eine Überraschung: Beim Besuch begrüßte das sonst so gereizte Mädchen Johanna mit den Worten: »Schön, dass du hier bist. Willst du mit mir Musik hören?« Und die beiden verbrachten einen wunderschönen Nachmittag miteinander und wollten sich gar nicht mehr trennen.

Was Offenheit uns bringt

Johanna liebte es, gemeinsam mit ihrer Mutter in der Stadt durch die Geschäfte zu schlendern. Es war wundervoll und es machte jedes Mal so viel Spaß, Kleider anzuschauen, viel zu teure Jacken auszuprobieren und hier und da etwas zu kaufen. Am Ende eines solchen Einkaufsbummels saßen Johanna und ihre Mutter meistens in einem Café, wo sie sich ein heißes Getränk gönnten und miteinander über alles Mögliche plauderten.

Im Café schaute Johanna etwas angewidert ein Pärchen an, das gerade zur Tür hereinkam.

»Wie kann man nur solche Klamotten tragen?!«, raunte Johanna verächtlich vor sich hin. »Da passt doch kein Kleidungsstück zum anderen. Und ungepflegt sind die Klamotten auch noch!«

Wenig später gingen Johanna und ihre Mutter zur Bushaltestelle. Sie kamen an einer Parkbank vorbei, auf der zwei ältere Menschen saßen und Karten spielten.

»Wie kann man nur auf einer Parkbank Karten spielen?«, schimpfte Johanna. »Hier vor allen Leuten?! Haben die kein Zuhause? Das ist doch kindisch, in einem öffentlichen Park einander irgendwelche Karten vorzulegen.«

Im Bus saßen Johanna und ihre Mutter zwei Männern gegenüber, die etwas füllig waren und die ganze Fahrt über Süßigkeiten naschten.

»Wie kann man nur so viele Süßigkeiten in sich hineinstopfen?! Kein Wunder, dass die beiden so dick sind, wenn sie ständig so viele ungesunde Sachen essen!«, ärgerte sich Johanna, als sie mit ihrer Mutter wieder aus dem Bus ausgestiegen war.

»Hast du etwas bemerkt, Johanna?«, fragte die Mutter auf dem Nachhauseweg.

»Nein, was denn?«, wollte Johanna wissen.

»Fast jedes Mal, wenn du zuletzt etwas gesagt hast, begann dein Satz mit den Worten ›Wie kann man nur …?‹. Diese Worte sagt ein Mensch immer dann, wenn er jemanden verurteilt und sich darüber aufregt, dass andere Menschen nicht so sind wie er. Aber wenn du andere verurteilst, fühlst du dich selbst schlecht und tust dir weh. Habe ich dir eigentlich schon die Geschichte von den zwei Gärtnern erzählt?«

»Welche Geschichte meinst du?«, wunderte sich Johanna.

Die Mutter begann zu erzählen: »Zwei Gärtner gingen nach einem langen Arbeitstag durch ihren Garten. Als sie an den Tulpen vorbeikamen, begann der eine Gärtner zu schimpfen. Er sagte, dass die schönsten aller Tulpen die weißen Tulpen seien. ›Wir hätten die roten, die orangefarbenen und die violetten Tulpen nicht pflanzen sollen. Weiße Tulpen sind das einzig Wahre. Den Rest kann man vergessen.‹

Der andere Gärtner blieb stehen, sah seinen Freund und Kollegen an und fragte: ›Aber wäre es nicht langweilig, wenn die Welt voller weißer Tulpen wäre? Natürlich sind sie schön. Aber die roten, orangefarbenen und violetten Tulpen machen unseren Garten doch erst bunt und lebendig. Die Natur hat uns Tulpen in allen möglichen Farben geschenkt. Wer sind wir denn, dass wir nur eine Farbe willkommen heißen und andere Farben aus unserem Garten verbannen? Steht es uns zu, über die Natur zu urteilen und einige Farben auszusperren? Du machst dir selbst das Leben schwer, wenn du andere verurteilst, nur weil sie anders sind. Wenn die anderen niemandem etwas getan haben, dann freu dich darüber, dass die Natur sich auf so viele Arten ausdrücken kann.«

Und Johannas Mutter sagte zu ihrer Tochter: »Du kannst ruhig weiterhin andere Menschen verurteilen. Aber denk immer daran, dass du dir selbst dabei seelische Schmerzen zufügst. Wer andere Menschen verurteilt, verletzt sein eigenes Herz. Wer sich ständig über andere Menschen aufregt und sagt: ›Wie kann der nur?‹, pumpt eine riesige Ladung Groll durch den eigenen Körper. Dann muss man sich über Schmerzen im Kopf, im Rücken oder im Bauch nicht wundern. Wie oft regen wir uns über Menschen auf, die im selben Moment gar nicht in unserem Zimmer, ja noch nicht einmal in unserer Wohnung, sondern gerade sehr weit weg sind?!

Wenn es uns gelingen würde, dass wir uns nie wieder über einen Menschen aufregen, der gerade viele Kilometer weit weg ist, wäre unser Leben deutlich fröhlicher als bisher.«

Akzeptiere andere Menschen, wie sie sind. Du tust es nicht für sie. Du tust es für dich.

Johannas Gefühle

Als Johanna wieder einmal gleich nach der Schule zu ihren Großeltern ging, bekam sie von ihrer Oma einen Ratschlag, für den sie heute noch dankbar ist. Während ihre Großmutter das Mittagessen zubereitete, saß Johanna verträumt am Tisch und schaute ein wenig traurig aus dem Fenster.

»Ach Oma, es passiert mir noch ab und zu, dass ich morgens aufstehe und zu gar nichts Lust habe. Am liebsten würde ich an so einem Tag im Bett bleiben. Und dann bin ich wütend auf mich, weil ich glaube, dass ich keine schlechte Laune haben darf. Ich versuche zu hüpfen oder zu pfeifen, um die schlechte Laune zu verscheuchen, aber das funktioniert nicht immer.«

Johannas Oma hatte sehr genau zugehört. Sie schaltete die Herdplatte aus, hörte auf zu kochen und setzte sich zu Johanna.

»Du kannst der guten Laune nicht hinterherjagen, Johanna. Dann wird sie dir nämlich immer davonlaufen. Die gute Laune ist aber zu jeder Zeit bei dem Menschen zu Hause, der sich selbst mag. Und wer sich selbst aus vollem Herzen mag, kann auch seine schlechten Gefühle mögen, denn die gehören nun einmal dazu. Lass dir gesagt sein, liebe Johanna, dass wir alle, deine ganze Familie, dich unglaublich gernhaben, dich lieben und hinter dir stehen. Aber viel wichtiger ist, dass du dich selbst magst.«

»Wie soll ich mich mögen, wenn ich schlechte Laune habe?«, fragte Johanna.

»Wenn du einmal Angst vor etwas hast, dann sagst du: ›Ich mag mich dafür, dass ich ängstlich bin!‹ Die Angst wird immer kleiner und schwächer werden.

Wenn du jemanden beneidest, solltest du dich dafür mögen, dass du neidisch bist, und der Neid wird sich in Luft auflösen.

Wenn du Zweifel hast, umarme deine Zweifel, drücke sie an dich und du wirst von Minute zu Minute weniger zweifeln.

Wenn du auf jemanden wütend bist, solltest du dich für deine Wut mögen und die Wut wird sich von dir lösen«, antwortete die Großmutter.

»Und was ist, wenn ich mich nicht dafür mögen kann, dass ich ängstlich oder neidisch bin?«, bohrte Johanna nach.

»In der Not sagst du: Ich mag mich dafür, dass ich mich nicht mag«,

fuhr die Großmutter fort und schilderte, was sie meinte.

»Angst, Wut, Neid und Zweifel sind wie alte Bananenschalen in unserem Zimmer. Je länger wir sie verstecken und unterdrücken, desto übler riechen sie und machen uns das Leben schwer. Wir müssen uns zuerst eingestehen, dass sie da sind. Dann müssen wir sie ansehen, schließlich anpacken und uns endlich liebevoll, sanft und friedlich von ihnen trennen. Erst wenn das geschehen ist, haben sie uns verlassen und wir sind frei.«

Warum das Handtuch werfen?

In den Sommerferien war Johanna oft für mehrere Tage bei ihren Großeltern zu Besuch. Manchmal ging sie in den Keller, wo ihr Großvater jeden Tag eine Stunde lang mit Holz arbeitete.

Am ersten Urlaubstag sah Johanna an der Treppe zum Keller ein kleines Spinnennetz. Die Spinne konnte sie aber nicht sehen. Die krabbelte offenbar gerade irgendwo auf dem Boden herum. Johanna mochte aber keine Spinnen und machte das Netz kaputt.

Als sie am nächsten Tag wieder mit ihrem Opa in den Keller ging, war das Spinnennetz wieder da. Die Spinne musste es wieder aufgebaut haben. Also machte es Johanna wieder kaputt. Aber am dritten Tag hatte die Spinne das Netz noch einmal aufgebaut.

»Siehst du«, sagte Johannas Großvater, »die Spinne gibt niemals auf. Sie lässt sich nie unterkriegen. Das können wir von ihr lernen. Wir dürfen uns nie endgültig geschlagen geben. Das kann man sich auch vom Wald abschauen.«

»Vom Wald? Ich kann mir vom Wald abschauen, dass

ich mich niemals unterkriegen lassen soll?«, fragte Johanna ungläubig.

»Natürlich«, erzählte ihr Großvater mit sanfter Stimme. »Sieh mal, wenn ein schwerer Sturm mehrere Bäume auf einer Waldfläche zerstört, und die Förster das Holz anschließend zerkleinern und wegtragen, sind zunächst nur mehr Baumstämme zu sehen. Die Fläche sieht kahl und traurig aus. Aber nach einiger Zeit beginnt Gras auf der Fläche zu wachsen. Nach einigen Jahren kann man bereits einige Sträucher sehen, die auf der Fläche wuchern. Und nach weiteren Jahren können dort sogar neue Bäume stehen. Selbst wenn ein Sturm oder einige Waldarbeiter aus Bäumen Kleinholz machen, wird immer wieder neue Natur nachwachsen. Wo früher eine freie Fläche war, ist nach einigen Jahren schon dichtes Gestrüpp.

Die Natur hört zu keinem Zeitpunkt auf zu wachsen. Sie will zeigen, wie bunt, reich und schön sie ist. Die Natur gibt niemals auf. Dabei ist sie nicht wütend, grimmig oder sauer. Sie lässt einfach alles wachsen. Und zwar deshalb, weil sie das Leben liebt und Freude daran hat. Wir Menschen stammen aus der Natur. Das sollten wir immer bedenken. Genau wie die Natur sollten wir niemals aufhören zu wachsen und zeigen, was in uns steckt.

Um im Leben zu bestehen und da zu bleiben, wo man ist, darf man niemals aufgeben. Wenn man weiterkommen und voranschreiten will, ist aufgeben erst recht tabu.«

*Du solltest nie das
Handtuch werfen. Das haben
schon zu viele getan.*

Die Freude ist noch da

In den Ferien machte Johanna mit ihrem Großvater einen langen Spaziergang. Die beiden gingen durch den Wald, kamen an eine Wiese und setzten sich auf eine Bank, um ein wenig auszuruhen. Als sie sich zurücklehnten und auf die Wiese schauten, begann Johanna, von ihren Sehnsüchten zu sprechen.

»Weißt du, Opa, manchmal frage ich mich, was ich tun muss, um fröhlich zu werden.«

»Oh, du bist es bereits, Johanna«, meinte der Großvater.

»Du verstehst mich nicht. Manchmal grüble ich stundenlang darüber, wie ich endlich glücklich werden kann.«

»Oh, du bist es bereits«, sagte der Großvater noch einmal.

»Du weißt immer noch nicht, was ich meine. Manchmal frage ich mich, ob ich endlich Freude am Leben haben kann«, meinte Johanna.

»Du trägst die Freude doch schon in dir«, antwortete der Großvater, worauf Johanna ihn verdutzt anschaute.

Der Großvater fuhr fort: »Achte nur darauf, dass du nicht dasselbe tust wie der Holzfäller.«

»Welcher Holzfäller?«, fragte Johanna erstaunt. »Was hat er denn getan?«

»Eines Tages«, erzählte der Großvater, »wurde im Haus der Holzfäller ein kleiner Junge geboren. In den ersten Jahren seines Lebens war der kleine Holzfällerjunge überglücklich, denn er konnte spielen, soviel er wollte, und jeden Tag etwas lernen. Vor allem aber begeisterte den keinen Holzfällerjungen ein kleiner Diamant. Es war der Stein der Freude. Dieser Stein leuchtete hell und warm und er spendete dem Jungen Geborgenheit, Leichtigkeit, gute Laune, Fröhlichkeit und Mut. Stundenlang spielte der kleine Junge mit dem Stein der Freude. Er liebte den Diamanten so sehr, dass er gar nicht mehr aufhören wollte, den Stein der Freude in seinen Händen zu halten und sich von ihm begeistern zu lassen.

Eines Tages aber kamen die Eltern in das Zimmer des Holzfällerjungen und riefen mit strenger Miene: ›Hör auf zu spielen! Jetzt beginnt der Ernst des Lebens. Geh hinaus und arbeite!‹

Der kleine Junge bekam solche Angst, dass er gar nicht mehr wusste, wo oben und wo unten war. Ehe er sichs versah, wurde er durch die Tür gezerrt. Er konnte gerade noch wahrnehmen, dass jemand eine Decke ins Zimmer warf und diese den Stein der Freude unter sich bedeckte. Der Holzfällerjunge wollte noch nach dem kleinen Diamanten suchen, aber dazu blieb keine Zeit mehr. So ließ er seine Freude zurück und ging hinaus in die Welt.

Tag für Tag verließ er sein Haus und wuchs heran. Aus dem kleinen Jungen wurde ein richtiger Holzfäller. Er arbeitete so lange und hart, dass er den Stein der Freude völlig vergaß. Erst nach vielen Jahren ahnte der Holzfäller, dass er als kleines Kind einmal so etwas wie einen Diamanten gehabt haben musste, der ihm Freude und Kraft gespendet hatte. So entschloss sich der Holzfäller, die Freude zu suchen und alles zu tun, um die Freude wieder in sein Leben zu holen.

Zunächst arbeitete der Holzfäller härter als je zuvor. Er hackte so viel Holz, dass er die einzelnen Stücke zu einem riesigen Berg auftürmen konnte. Alle Menschen sollten sehen, wie fleißig er war. Tatsächlich bewunderten ihn die Leute und lobten ihn für seinen Fleiß. Aber sosehr sie ihn auch lobten, konnten sie ihm doch nicht das schenken, wonach er suchte: die echte Freude.

Er kletterte auf einen hohen Baum. Oben angelangt, machte er einen Handstand und vollbrachte einige Turnübungen auf einem Ast in luftiger Höhe. Unten standen viele Leute, die applaudierten und dem Holzfäller zujubelten. Als er zu den Menschen hinuntergeklettert war, fielen sie ihm um den Hals und klopften ihm vor lauter Bewunderung auf die Schulter. Doch das, wonach er suchte, konnten ihm die Leute noch immer nicht schenken: Echte Freude suchte der Holzfäller weiterhin vergebens.

Schließlich lud er alle Menschen zu einem Fest ein. Er deckte den Tisch und bewirtete seine Gäste mit leckerem Essen und süßen Getränken. Außerdem sorgte er für Musik und unterhielt die Menschen. Nach dem Fest bedankten sich die Gäste bei dem Holzfäller für den wunderbaren Abend. Sie fielen ihm um den Hals und schüttelten ihm herzlich die Hand. Aber das, wonach der Holzfäller suchte, konnten auch seine Gäste ihm nicht bringen: echte Freude.

So trottete der Holzfäller müde und traurig in sein Zimmer und sah keinen Sinn mehr in seinem Tun. Langsam begann er, die Dinge in seinem Zimmer aufzusammeln. Er wollte einen Gegenstand nach dem anderen aus dem Fenster werfen, weil er jede Hoffnung verloren hatte, echte Freude zu empfinden. Als er in einer Ecke des Raumes eine Decke auf dem Boden sah, überlegte er ein Weilchen und zog die Decke langsam weg. Dabei sah er einige helle Lichtstrahlen unter der Decke hervortreten. Da riss der Holzfäller die Decke mit einem Ruck fort und sah den lang gesuchten Stein der Freude! Der Stein, der ihm so viel Freude bereitet und sein Leben versüßt hatte, der Stein, nach dem er die ganze Welt abgesucht hatte, war die ganze Zeit bei ihm gewesen! Im selben Moment spürte er wieder die Begeisterung, die gute Laune, die Freude am Leben und die Kraft, die ihm der Stein der Freude spendete.«

Johanna hatte sehr genau zugehört und fragte ihren Großvater: »Aber warum hat denn der Holzfäller den Stein der Freude vergessen?«

»Er war die ganze Zeit mit seiner Außenwelt beschäftigt«, antwortete der Großvater, »er wurde dazu erzogen, zu arbeiten und fleißig zu sein.«

Insgeheim glaubte er, er werde die Freude draußen in der Welt finden, wenn sich nur genügend Menschen vor ihm verneigten.

»Und was muss ich tun, um meinen Stein der Freude wiederzufinden?«, fragte Johanna.

»Kehre zurück zu deiner Quelle«, antwortete Johannas Großvater. »Egal wie hart du arbeitest, egal wie hoch du aufsteigst, egal wie viele Leute du um dich versammelst, egal wie viele Orte der Welt du bereist und egal wie viele Bewunderer du hast – wahre Freude wirst du nur finden, wenn du mit dir selbst zufrieden bist. Schaffe erst Ordnung in deinem Innern. Wenn du dort die Freude findest, kannst du sie auf jedem Weg in die Außenwelt mitnehmen.«

Sei stolz auf deine bisherige Leistung und dankbar für deinen atmenden, lebenden Körper. Bewundere dich selbst. Auf die Bewunderung durch andere kannst du dich schließlich nicht immer verlassen.

Dann wirst du mit Freude arbeiten, mit Freude Großes vollbringen, mit Freude Feste feiern und mit Freude liebe Menschen anziehen. Das Lob, das dir andere schenken, wird dann nicht aus leeren Worten bestehen, sondern von den Herzen dieser Menschen kommen. Wenn du deine Freude gefunden hast und sie überallhin mitnimmst, wirst du auf bewundernde Blicke und offene Arme treffen, obwohl du sie gar nicht mehr brauchst. Versammelst du nämlich Menschen um dich, weil du dir von ihnen etwas erhoffst, werden sie dich bald wieder verlassen. Versammelst du aber Menschen um dich, um ihnen deine Freude zu schenken, werden sie bei dir bleiben und nach Wegen suchen, dir Gutes zu tun.

Bleibe immer mit deiner Quelle verbunden. Sie ist der Ursprung von allem. Sie hat nicht nur dich, sondern auch den Stein der Freude hervorgebracht. Viele Menschen haben die wahre Freude tief in sich vergraben und überdeckt. Aber die Freude ist immer noch da. Sie will nur entdeckt werden. Wenn du immer weißt, dass die Quelle dich und die Freude hervorgebracht hat und du gedanklich immer mit der Quelle verbunden bleibst, wirst du dich an jeder Minute deines Lebens erfreuen. Gehe in Stille zu dir und deinem Ursprung und die Freude wird dich auf allen Wegen begleiten.«

Fortan nahm sich Johanna jeden Tag ein paar Minuten Zeit, um in sich die echte Lebensfreude zu finden. Sie setzte sich jeden Morgen und jeden Abend für ein paar Augenblicke auf die Bettkante, schloss die Augen und stellte fest: »Die Natur sorgt dafür, dass mein Herz schlägt. Die Natur sorgt dafür, dass mein Körper atmet. Die Natur will also, dass ich lebe. Sie braucht mich. Dass ich auf dieser Welt bin, hat demnach einen Sinn. Sonst wäre ich nicht hier. Die Natur zeigt mir somit, dass ich wichtig bin – einfach deshalb, weil ich lebe.«

Johanna erkannte: »Spüre ich meinen Herzschlag und meinen Atem, spüre ich die Kraft der Natur. Sie belebt mich. Sie ist in mir, so wie sie in allen Lebewesen zu finden ist. Mit dieser Kraft kann ich alles schaffen, bekomme Eingebungen und werde auf den richtigen Weg geleitet. Erst wenn ich mich an dieser inneren Kraft erfreue, ist die Freude über äußere Erfolge dauerhaft.«

Johannas Suche nach Ruhe

Johanna wurde bereits von ihrer Großmutter erwartet. Die freute sich riesig darauf, ihre Enkelin endlich wieder zu sehen und mit ihr einige lustige Stunden zu verbringen. Jedoch wurde die Großmutter diesmal nicht von dem lieben und gutmütigen Mädchen besucht, das sie kannte, sondern von einer nervösen und gereizten jungen Dame. Johanna war voller Hektik, als sie zu ihrer Großmutter kam.

»Ich muss zur Schule, ich muss zum Musikunterricht, ich muss zum Sport, dann will ich mich noch mit meinen Freundinnen treffen und außerdem muss ich mich entscheiden, wie ich meine Ferien verbringen möchte. Ich kann mich aber nicht entscheiden. Ach Oma, ich weiß einfach nicht, was ich zuerst tun soll. Ich habe so viel um die Ohren.«

»Ich sehe es dir an«, meinte die Großmutter, »du bist ständig in eine Arbeit verstrickt. Deine vielen Aufgaben halten dich gefangen. Du solltest einmal verharren wie eine Statue.«

»Was?«, fragte Johanna ungläubig. »Ich soll verharren? Dazu habe ich aber keine Zeit!«

»Dann solltest du es erst recht tun. Du solltest dir

immer wieder Zeit nehmen und auf deine innere Stimme hören. Setz dich hin und starre Löcher in die Luft. Du kannst auch einen Baum anschauen oder den Himmel. Sage in dieser Zeit nichts. Tue nichts. Du kannst dich auch einfach morgens mit geschlossenen Augen in dein Zimmer setzen und warten.«

»Warten? Worauf warten?«, wollte Johanna wissen.

»Darauf, dass Ideen kommen«, meinte ihre Großmutter.

»Du musst es machen wie die Schneekugel. Wenn dieses Spielzeug geschüttelt wird, wirbeln die kleinen, weißen Flöckchen wild durch die Luft. Lässt du die Kugel aber einen Augenblick stehen, sinken die Flöckchen sanft zu Boden und du hast wieder einen klaren Durchblick.

Ähnlich ist es mit dir und deinen Gedanken. Wenn du im Alltag viele verschiedene Aufgaben erledigen musst und von Stelle zu Stelle hetzt, bist du wie die durchgeschüttelte Schneekugel. In deinem Kopf wirbeln viele verschiedene Gedanken umher wie die Flöckchen in der Kugel. Hast du dich aber erst einmal zur Ruhe gesetzt und dabei für ein paar Minuten die Natur angeschaut oder die Augen geschlossen, legen sich auch die Gedanken. Schwirrten eben noch zig Sorgen wild durch deinen Kopf, können sie sich in der Stunde der Ruhe langsam zu Boden setzen und dir langsam, aber sicher eine klare Sicht auf das Wesentliche schenken.

Will ein Mensch viel leisten, muss er regelmäßig Löcher in die Luft gucken oder die Augen schließen. Nur dann lichtet sich die dicke Wolke, die im Alltag den Blick auf das Wichtige verstellt.

Wenn du mit dem Auto fährst und in eine dichte Nebelbank gerätst, kannst du nicht weiterfahren. Du musst warten, bis sich der Nebel gelichtet hat. Ähnlich ist es mit dir. Wenn du nicht weißt, was du zuerst tun sollst, tue einen Moment lang nichts.

Durch deinen Kopf schwirren so viele Aufgaben, ungelöste Fragen, Pflichten und Gedanken umher, dass du vor lauter Verwirrung nicht einmal mehr den nächsten Schritt setzen kannst. Wenn du wieder freie Sicht haben und deinen künftigen Weg erkennen möchtest, musst du dich geduldig hinsetzen und warten, bis sich der Nebel lichtet. Dazu musst du aber vollkommen regungslos und still sein. Erst wenn sich alle Aufgaben, Fragen, Pflichten und Gedanken gelegt haben und sanft zu Boden gesunken sind, kannst du voller Klarheit nach vorne schauen. Auf diese Weise haben schon viele Menschen bewegende Ideen bekommen und eine bahnbrechende Erkenntnis gewonnen. Suchst du eine Antwort oder willst du wissen, welchen Schritt du als nächsten gehst, sei völlig still und sieh deinen Gedanken beim Spielen zu. Dann kommen die wegweisenden Ideen zu dir.«

Die eigene Freude beschützen

Johanna hatte sich dazu entschlossen, in den anstehenden Sommerferien nicht nur mit ihren Eltern zu verreisen, ins Schwimmbad zu gehen oder sich mit ihren Freundinnen zu treffen. Sie wollte auch ein wenig Geld verdienen. Innerhalb von wenigen Tagen hatte sie eine kleine Firma gefunden, in der sie für zwei Wochen arbeiten durfte und dafür bezahlt werden sollte. Ihre Freude über die bevorstehende Arbeit konnte und wollte Johanna niemandem verheimlichen. Sie sehnte den ersten Tag ihrer Ferienarbeit herbei, weil sie sich wie die Großen fühlen und zumindest ein wenig Geld verdienen wollte.

Davon, dass Johanna in ihren Ferien zur Arbeit gehen sollte, hatte auch die nörgelnde Nachbarin gehört. Und jedes Mal, wenn sie Johanna traf, ließ die schlecht gelaunte Dame keine Gelegenheit aus, Johanna die Vorfreude zu nehmen.

»In dieser Firma gibt es viele unfreundliche Menschen. Die werden oft mit dir schimpfen«, warnte die Nachbarin. Bei einer anderen Gelegenheit sagte sie: »Ich kenne Leute, die dort gearbeitet haben. Die haben erzählt, wie schwierig die Arbeit dort ist, wie viel Stress die Mitarbeiter aushalten müssen und wie müde sie abends nach Hause kommen. In diesem Unternehmen zu arbeiten, muss schlimm sein«, prophezeite die Nachbarin.

»Unsere Nachbarin macht mir solche Angst«, beklagte sich Johanna bei ihrem Vater, »sie erzählt mir dauernd, wie schlimm meine Arbeit in den Ferien sein wird. Soll ich dort wirklich hingehen, nachdem ich so viele Schauergeschichten gehört habe?«

»Aber natürlich gehst du dorthin«, sagte ihr Vater entschlossen, »du hast dich doch so lange auf die Arbeit in den Ferien gefreut.«

»Aber was, wenn unsere Nachbarin recht hat?«, bemerkte Johanna verzweifelt.

»Erstens«, entgegnete ihr Vater, »hat doch eine Schülerin aus deiner Klasse schon einmal dort gearbeitet und von dieser Firma geschwärmt. Und zweitens«, fuhr ihr Vater fort, »zweitens solltest du niemandem erlauben, dein Ventil zu öffnen.«

»Wie meinst du denn das?«, fragte Johanna ihren Vater.

»Als wir mit unserer Klasse einmal gezeltet haben«, erzählte ihr Vater, »hatte jeder von uns eine Luftmatratze dabei. Jeder musste seine eigene Matratze aufpumpen, um auf ihr schlafen zu können. Leider hatten wir einen sehr schlecht gelaunten und wütenden Schüler in unserer Klasse, der sich mit jedem anlegte und oft Streit anfing. Dieser Kerl wollte uns ärgern. Als wir am Lagerfeuer saßen und Lieder sangen, schlich er heimlich in unsere Zelte und zog aus allen Luftmatratzen den Stöpsel, sodass keine Luft mehr in ihnen war. In all unseren Zelten lagen nur noch Gummimatten auf dem Boden. Wir brauchten danach eine ganze Weile, bis wir unsere Matratzen wieder aufgepumpt hatten«, erinnerte sich der Vater.

»Warum erzählst du mir das?«, wunderte sich Johanna.

»Dieser Junge«, erzählte ihr Vater, »hat damals aus allen Matratzen die Luft herausströmen lassen. Leider begegnen uns solche Menschen immer wieder einmal. Sie machen sich an unseren Matratzen zu schaffen und lassen die Luft entweichen. Sie erzählen uns, wie schlimm alles ist, und stecken uns mit ihrer schlechten Laune an. Sie öffnen bildlich gesprochen an unserem Körper ein Ventil und lassen unsere Kraft herausströmen. Wenn wir einem solchen Nörgler zuhören und Glauben schenken, sind wir schwach und schlaff wie eine Matratze, der man die Luft geraubt hat. Wir liegen am Boden wie ein Stofffetzen.

Erlaube keinem Menschen auf der Welt, dir mit seinen Worten die Kraft zu rauben. Höre nie auf Menschen, die die Welt ständig schwarzmalen.

Damit wäre weder dir noch ihnen geholfen. Es ist gut und richtig, wenn du dich auf die kommenden Wochen, Monate und Jahre freust. Lass dir die Freude von niemandem nehmen.«

Durch das Kleine groß werden

Johanna hatte schon viel von klugen, starken und fröhlichen Menschen gelernt. Sie hatte sich immer mehr von Siegern abgeschaut und wandelte sich allmählich zu einer Gewinnerin. Das wurde deutlich, als sie einmal selbst ihrem Vater einen Rat geben konnte.

Er saß eines Abends müde und traurig auf dem Sofa und dachte nach.

»Was hast du denn?«, fragte Johanna.

»Es ist so schade«, sagte ihr Vater. »In der Arbeit läuft es nicht so, wie ich es mir wünsche!«

Johannas Vater arbeitete als Architekt. Johanna wusste, dass er sich neue Häuser ausdenkt, sie zeichnet und gemeinsam mit anderen Leuten baut.

»Hat dein Chef mit dir geschimpft?«, wollte Johanna wissen.

»Nein, nein«, sagte ihr Vater, »aber ich kann einfach nicht das tun, was ich gerne tun würde. Weißt du, ich würde gerne ein großes Schloss bauen. Ein riesiges Schloss mit vielen Zimmern, das man zum Beispiel als Hotel nutzen kann.

In diesem Schloss soll es ein Schwimmbad geben, ein Restaurant, ein kleines Kino – und die Leute sollen sich wohlfühlen. Aber niemand gibt mir den Auftrag. Es ist nicht genug Geld da. Keiner möchte mit mir ein Schloss bauen. Ganz allein schaffe ich das nicht. Und so muss ich immer nur kleine Häuschen bauen. Das finde ich langweilig. Das machen fast alle meine Kollegen.«

Johanna dachte kurz nach und sagte: »Papa, wenn man dich kein großes Schloss bauen lässt, dann baust du eben die schönsten kleinen Häuschen der Welt. Du baust die kleinen Häuschen so geschickt, so elegant, so schön, so niedlich und so gemütlich, wie sie noch nie jemand gebaut hat. Vielleicht sind es gerade die winzigen Häuschen, mit denen du groß rauskommst!«

Natürlich kannst du versuchen, größer zu sein als andere. Doch das ist anstrengend. Viel natürlicher ist es, einzigartig zu sein. Und manchmal wird der Mensch gerade durch das Kleine riesengroß.

»Vielleicht solltest du dich nicht auf das Schloss versteifen. Es ist immer noch möglich, dass du es eines Tages baust. Aber es gibt doch so viele Möglichkeiten, sein Geschick und sein Können in diese Welt zu tragen. Wasser findet überall seinen Weg. Man kann es nicht wegsperren oder mit Türen aufhalten. Wir Menschen bestehen zu einem großen Teil aus Wasser. Also finden auch wir immer einen Weg.«

So hatte es Johannas Vater noch gar nicht gesehen. Er war ganz begeistert von dem Vorschlag, und im selben Augenblick kamen ihm so viele Ideen, dass er sofort an seinen Schreibtisch stürmte und voller Energie anfing, seine Einfälle aufzuzeichnen.

Kreativ mit Missgeschick umgehen

Bei einer Familienfeier traf Johanna ihren älteren Cousin. Den mochte sie gar nicht, weil er sie bei jedem Treffen ärgerte. Früher hatte er Johanna beim Spielen oft ein Bein gestellt, hatte sie ausgelacht und gehänselt, und auch diesmal wollte er Johanna wieder zum Weinen bringen.

Ihr Cousin ging nicht mehr zur Schule, sondern in die Arbeit. Bei der Familienfeier sagte er zu Johanna: »Du wirst es mal sehr schwer haben, wenn du erwachsen bist. Dann wirst du nicht mehr so häufig spielen können, sondern du wirst viel und hart arbeiten müssen.«

»Und was ist, wenn ich meine Arbeit mögen werde?«, fragte Johanna keck. »Was ist, wenn ich das Leben mit allen Pflichten, mit all der Mühe und der Arbeit genauso mögen werde, wie es sein wird? Ich kann zu mir sagen: ›Es könnte besser sein, aber ich mag mein Leben auch so! Denn es warten noch viele schöne Stunden auf mich, auch wenn ich mir das jetzt noch nicht vorstellen kann.‹ «

Mit dieser Antwort hatte Johannas Cousin nicht gerechnet. Er versuchte aber gleich noch einmal, Johanna Angst zu machen.

»Du wirst aber als Erwachsene viel nachdenken und grübeln müssen. Du wirst dir viele Sorgen machen, dich oft entscheiden müssen und Angst davor haben, dass du etwas falsch machst.«

»Und was ist, wenn ich dieses Leben aus vollem Herzen mögen werde? Ich kann immer sagen: ›Auch wenn nicht alles rund läuft, niemand kann mich daran hindern, mein Leben trotzdem zu mögen.‹ «

Johannas Cousin war wieder sprachlos, versuchte aber erneut, seiner jüngeren Cousine Angst einzujagen.

»Aber wenn du erwachsen sein wirst, wird dir nicht alles gelingen. Du wirst dann böse auf dich sein und dir Vorwürfe machen, warte nur ab!«

»Und was, wenn ich mich dafür mag, dass ich nicht alles richtig mache und mir nicht alles gelingt?«, fragte Johanna. »Was ist, wenn ich mein Leben immer genau so mag, wie es gerade ist? Was ist, wenn ich jeden Tag, jeden Moment und jeden Augenblick exakt so mag, wie er ist? Ich werde alle Fehler, alle Pannen und alle Missgeschicke mögen. Und ich werde mich auch für meine Schwächen mögen. Dann kann ich nie schlechte Laune haben.«

»Aber ...«, stammelte Johannas Cousin, »... aber überleg doch mal ... stell dir vor, dass du bei einer Sache scheiterst!«

»Die Angst vor dem Scheitern ist schlimmer als das Scheitern selbst«, erwiderte Johanna, »viele Menschen laufen verkrampft, verbissen und verärgert durch die Straßen, weil sie sich selbst einreden, dass in ihrem Leben nichts schiefgehen darf. Ich mache das anders. Ich erlaube mir zu scheitern. Und weil ich es mir erlaube, habe ich keine Angst mehr davor. Das fühlt sich besser an.«

Johannas Cousin war völlig verblüfft. So hatte er das Leben noch nie gesehen. Jetzt erkannte auch er, dass die Liebe zum Leben an sich die größte Kraft ist, die jede Angst auslöscht.

Johanna fuhr fort: »Ich kann natürlich weiterhin Träume und Pläne haben. Aber wenn mal etwas danebengeht, sage ich mir: ›Ich hätte es gerne anders, aber ich mag mein Leben trotzdem.‹«

Sein Leben zu mögen,
beruht auf einer bewussten
Entscheidung. Erst dann ist ein
Wandel zum Besseren möglich.

Wachstum

Als Johanna eines Abends dalag und sich von ihrem Herzen leiten ließ, begann sie, von einer wunderschönen, grünen Wiese zu träumen. Eine winzige, klitzekleine Blume war gerade dabei, sich vom Boden empor zum Himmel aufzurichten.

Plötzlich trampelte ein Mensch auf der Wiese herum und stampfte mit seinem Fuß direkt neben der kleinen Blume auf den Boden. Die arme, kleine Blume bekam einen großen Schreck, denn der Mensch hätte sie beinahe zertreten.

»Hör auf zu wachsen!«, schrie der Mensch die Blume an und rannte weg.

Die Blume bekam Angst und verkroch sich sofort in ihre Stelle am Boden. Lange geschah gar nichts. Und als sich die Blume wieder sicher fühlte, rappelte sie sich auf und wurde größer.

In dem Augenblick kam ein zweiter Mensch dahergelaufen und brüllte die Blume an: »Du bist hässlich, du solltest dich verstecken!«

Sofort wurde die Blume wieder kleiner und verkroch

sich hinter einigen Grashalmen. Nach einer Weile richtete sich die Blume jedoch wieder auf.

Doch als sie gerade dabei war zu wachsen, kam ein dritter Mensch daher und sagte: »Du solltest nicht wachsen. Bleib lieber klein. Wenn du groß bist, werden dich wilde Tiere besser sehen und angreifen. Das ist sehr gefährlich.«

Die kleine Blume wusste nun nicht, was sie machen sollte. Sie wollte wachsen und blühen. Aber durfte sie das?

In dem Moment hüpfte ein schöner Vogel heran und sagte: »Hallo, meine kleine Blume. Werde nur größer! Wachse hoch hinaus! Wenn dir die Kraft der Natur eingibt, dass du wachsen sollst, dann folge ihr. Höre niemals auf Menschen, die dich unterdrücken wollen. Kein Mensch auf der Welt hat das Recht, dich kleinzuhalten. Höre immer auf deine innere Stimme. Es ist die Stimme der Natur, welche dich erschaffen hat.«

»Aber was ist, wenn ich mich einmal nicht entscheiden kann, wenn ich unsicher bin, den Weg nicht kenne und nicht genau weiß, in welche Richtung ich wachsen soll?«

»Das ist einfacher, als du denkst«, erklärte der Vogel.

»Folge dem Rat deines Herzens. Wenn ich mit meiner Familie in den Süden fliege, denken wir nicht darüber nach, wohin wir fliegen. Die Kraft der Natur leitet uns über viele Tausend Kilometer. Von weit oben können wir Vögel manchmal die Fische im Ozean sehen, die sich genau wie wir immer wieder auf die Reise machen. Sie überlegen nicht. Sie schwimmen einfach. Sie tun das, was sich gut anfühlt.

Es hat keinen Sinn, sich gegen die Natur zu stellen. Die Natur hat dich mit Reichtümern ausgestattet. Folge deiner inneren Stimme und deinem Herzen, dann folgst du der Natur. Und die Kraft der Natur wird dich leiten.

Kein Tiger zweifelt daran,
dass er schnell laufen kann.

Kein Vogel zweifelt daran,
dass er fliegen kann.

Kein Fisch zweifelt daran,
dass er schwimmen kann.

Nur Menschen stellen
ihre Fähigkeiten immer
wieder infrage.

Wenn sie nur wüssten, dass sie zu den lernfähigsten Wesen auf dieser Erde zählen. Aber sie unterdrücken einander, weil sie Angst davor haben, andere Menschen könnten größer werden als sie. Und weil sie so angstvoll sind, leben sie gegeneinander und nicht miteinander. Deshalb sind viele Menschen schlechte Ratgeber.« So sprach der Vogel zu der Blume.

Und die Blume wurde so groß und prächtig, dass es für jedes Geschöpf eine Freude war, sie anzusehen.

Nachwort: Das Salz-Modell

Aufmunterung, frisches Denken, neue Sichtweisen und ein optimistischer Blickwinkel – das alles wird durch Fantasie möglich. Humor und Kreativität sind wie Salz im Leben. Durch die vier Buchstaben SALZ kann fantasievolles und fröhliches Denken immer mehr zur Gewohnheit werden.

S	**Sprache mit Kreativität:** Mit Ideenreichtum gelingen Smalltalk und Schlagfertigkeit.
A	**Alltag mit Kreativität:** Wer keck und pfiffig ist, erblickt die vielen Chancen eines Tages.
L	**Lernen mit Kreativität:** Je griffiger wir Inhalte zu Bildern formen, desto mehr begreifen wir.
Z	**Zoten mit Kreativität:** Eine humorvolle Sichtweise macht uns nicht unbedingt reich, aber mit ihr wird es lustig.

Würzen wir also unser Leben mit Humor! Dann erscheinen uns selbst Regentage sonnig.

Danksagung

Herzlichen Dank an Jana, Bodo, Bold und den Sportler. Herzlichen Dank an das Goldegg-Team und alle, die einmal etwas Aufbauendes zu mir gesagt haben.
Ihr habt großen Anteil an diesem Meisterstück in Buchform.

Philipp Kauthe

FSC
www.fsc.org
MIX
Papier | Fördert gute Waldnutzung
FSC® C083411

Zeitfracht Medien GmbH
Ferdinand-Jühlke-Straße 7
99095 Erfurt, Deutschland
produktsicherheit@kolibri360.de